Salve

su Matrimonio

en 6 días

Método Menista – con Principios de Dios

No es por casualidad que usted tiene en sus manos éste
libro, es por obra de la Divina Providencia, Dios ha
escuchado su clamor y ha venido a rescatarle

Las siguientes páginas la guiaran para salvar su matrimonio
y obtenga un milagro en su vida

la Biblia dice que el Señor recorre con su mirada toda la
tierra y esta listo para ayudar a los que tienen corazón
perfecto para con El. *2Crónicas 16.9*

Está usted lista, necesitará una obediencia sincera a los
Principios de Dios

Salve su Matrimonio en 6 días

Método Menista – con Principios de Dios

Por
Jesús Alejandro Mena Gauna

Editorial Alex Mena
Estados Unidos – México

Salve su Matrimonio en 6 días

Método Menista - con Principios de Dios

Primera Edición 2016

Las características de esta edición son propiedad de:

Jesús Alejandro Mena Gauna

www.AlejandroMena.com

Editorial Alex Mena

www.AlexMena.com

Impreso en Estados Unidos

MANUAL - CUADERNO

Salve su Matrimonio En 6 días

Método Menista – con Principios de Dios

Aunque su pareja se haya ido de la casa usted
puede recuperar su matrimonio

Aunque su cónyuge le diga que ya no quiere, si
usted quiere puede hacer que regrese

Jesús Alejandro Mena Gauna

¿Porqué no permitirle a Dios Salvar su Matrimonio?

Aunque todos le estén diciendo que su matrimonio no tiene esperanza. No es verdad

Dios tiene todo el poder para salvar cualquier matrimonio, especialmente el suyo

Porque ser otra de las estadísticas del divorcio cuando la palabra de Dios tiene tanto el poder como la verdad para cambiar su situación aparentemente desesperanzada.

La Biblia dice:

Él, respondiendo, les dijo: ¿No habéis leído que el que los hizo al principio, varón y hembra los hizo, y dijo: Por esto el hombre dejará padre y madre, y se unirá a su mujer, y los dos serán una sola carne. Así que no son ya más dos, sino una sola carne; por tanto, lo que Dios juntó, no lo separe el hombre.

S. Mateo 19:4-6

No está bien que el hombre esté solo, hagámosle una compañera semejante a él.

(Gen. 2,18)

Dios creó al hombre a imagen de Dios, lo creó varón y mujer, y los bendijo diciéndoles: procread y multiplicaos y llenad la tierna.

(Gen. 1, 27-28)

IMPORTANTE

Fines informativos de este libro

Lo expuesto en este libro representa la opinión del autor, y no es aplicable a todas las situaciones personales. Aunque alguna situación suya parezca muy similar, puede tener muchas diferencias en algunos aspectos. Por lo tanto el autor y la editorial, no se hacen responsables de las acciones tomadas por los lectores en base a lo que leyeron aquí. Cada lector debe tener mucha precaución al aplicar todo lo descritos en este libro, en sus circunstancias personales. Nuestra recomendación es que consulte un profesional en la materia, antes de tomar cualquier decisión. Use su sentido común y tenga mucho cuidado.

El material mencionado en este libro, se proporciona únicamente con fines informativos, y no constituye un asesoramiento profesional.

Dedicatoria

este modesto trabajo lo dedico a mis hijos:

Martha Catalina Mena Gómez
Ahora de apellido San Miguel

Jesús Alejandro Mena Gómez

Y

Judith Adriana Mena Gómez
Ahora de apellido Chapman

Jesús Alejandro Mena Gauna

Enero de 2016   The Woodlands, Texas, USA

Todo depende de usted

Deje de vivir triste, haga las pases con su pareja
ya no sigan así

Salve su Matrimonio en 6 Días

Utilizando las estrategias del

"Método Menista"- con Principios de Dios

Jesús Alejandro Mena Gauna

Salvar su matrimonio, recuperar su pareja y fortalecer su vida conyugal, es solo cuestión de elección. Basta con que este dispuesto a invertir el tiempo necesario para lograrlo. Esa es la idea principal que planteo en éste libro, mostrándole paso a paso el camino que le conducirá de una manera simple a reconquistar a su pareja, y fortalecer su matrimonio.

OCHO OBJETIVOS

QUÉ ESTE MANUAL – CUADERNO

LE HAYUDARÁ A LOGRAR

1. Salvar su Matrimonio
2. Fortalecer su relación conyugal
3. Recuperar el amor de su pareja
4. Darle un hogar digno a sus hijos
5. Mejorar la relación sexual con su pareja
6. Darse cuenta que el divorcio no es la solución
7. Reconocer las diferencias entre el hombre y la mujer
8. Y evitar cosas que lo lleven a destruir su matrimonio

Con el Método Menista que promueve la aplicación en su vida de los principios de Dios, logrará todas esas cosas, como ya lo han hecho miles de personas que ahora disfrutan la vida con su pareja en su hogar al lado de sus hijos.

INDICE

Capítulo 3

Consejos Prácticos para la Intimidad en el Matrimonio. Cuestionario de consejería intima.

I. La falta de una respuesta sexual en la mujer, ¿Se debe primordialmente a una dificultad física o a una emocional?
II. ¿Cuáles son las barreras más comunes por las cuales las mujeres no pueden responder?
III. ¿Cree que la frustración sexual es un problema común en las mujeres casadas?
IV. Como consejero matrimonial, ¿Cómo aconsejarían a una pareja que tiene problemas sexuales?
V. ¿Usted animarían a una mujer a tomar la responsabilidad de su propia satisfacción sexual?
VI. ¿Cuál cree que es la perspectiva bíblica sobre el sexo?

Capítulo 4

Etapas del matrimonio

1. Primera etapa de recién casados a 3 años. De transición y adaptación temprana
2. Segunda etapa de 3 a 8 años de casados. De reafirmación como pareja y la experiencia de la paternidad
3. Tercera etapa de 8 a 20 años de casados. Diferenciación y realización
4. Cuarta etapa de 20 a 35 años de casados. De estabilización
5. Quinta etapa de 35 años de casados en adelante. De enfrentamiento con vejez, soledad y muerte

Capítulo 5

X

El Divorcio

Capítulo 6

Diferencias entre Hombres y Mujeres

Capítulo 7

Consejos para Salvar su Matrimonio

PROLOGO

EL PORQUÉ ESCRIBÍ ÉSTE LIBRO

Después de reconciliar a cientos de parejas, mostrándoles el camino para que vivan feliz, aplicando en ellas ciertas estrategias; consideré justo y necesario, difundir públicamente por medio de este libro, esas estrategias que he denominado **"Método Menista"**, para que todo aquel que las aplique en su vida de una manera rápida, práctica, fácil y segura, pueda salvar su matrimonio.

Estoy plenamente convencido, que si usted sigues al pie de la letra mis indicaciones poniéndolas en práctica, recuperará el amor de su pareja, su hogar, sus hijos y la felicidad perdida en su hogar, en menos de lo que usted se lo imagina.

En mis cuarenta años de experiencia como abogado postulante, especialista en problemas conyugales, me he dado cuenta que ocho de cada diez personas que llegan a mi despacho en busca del divorcio, en realidad no quisieran divorciarse.

Como lo señalé en el primer libro que escribí, titulado, "Manual Práctico del Divorcio", mi intención al escribirlo era, que los cónyuges conocieran sus derechos y obligaciones, para evitar las consecuencias desastrosas que acarrea el divorcio, y mejor buscaran la forma de reconciliarse de arreglar sus diferencias y salvar su matrimonio.

Tomando en consideración la máxima que reza: "La familia es la base de nuestra sociedad", me propuse unir a los cónyuges que vinieran en busca del divorcio, en vez de separarlos y ayudarles a la destrucción de su hogar.

Este libro, que más que nada es un manual y cuaderno de trabajo, contiene un programa de autoayuda, en el que le mostraré fáciles y sencillas estrategias que puede utilizar para resolver casi todos los conflictos de pareja.

Muchas parejas han arreglado sus diferencias, después de haber pasado por situaciones que parecían irreversibles como:

- Conflictos gravísimos
- Amoríos extra-maritales
- Falta de intimidad
- Pleitos excesivos
- Poca comunicación
- Golpes
- Injurias
- Hijos fuera del matrimonio
- Y muchas más complejas y difíciles situaciones.

Estoy completamente seguro que con una correcta aplicación de las estrategias que presento en este trabajo, cualquiera puede tener un matrimonio feliz.

Las estrategias presentadas aquí, son cosas que usted podrá hacer fácilmente, no encontrará nada nuevo, de todo ya se ha hablado, todo ya se ha dicho, de todo se ha escrito, todo lo sabe usted, no vengo a querer inventar el hilo negro, pero si vengo a decirle como hacer las cosas paso a paso para recuperar el amor de su pareja.

El problema de muchos matrimonios estriba en la inactividad. Es decir, saben lo que deben hacer pero no actúan. Este libro le estará recordado lo que ya sabe y lo inducirá a tomar las medidas para actuar en beneficio de su matrimonio. Por eso aquí vengo a recordarle los principios universales para tener una vida feliz en compañía de su pareja.

El "Método Menista" consiste en información, afirmaciones y práctica, lo que le dará como resultado el milagro que usted quiere. Estoy plenamente convencido que la gente logra sus objetivos y aprende más rápidamente practicando, que solo leyendo. Por eso, más que un libro, éste es un "Cuaderno de Trabajo" el cual deberá utilizar diariamente si quieres salvar tu matrimonio.

Afirmaciones + Acciones = Milagro

Este libro le cambiará su percepción sobre su pareja; le ayudará a encontrar el camino para lograrlo; le ayudará a pensar positivamente y tener fe en usted, gravándoselo no solo en su mente sino en su espíritu.

Le demostraré que su situación actual, es el resultado de sus acciones, que vienen de sus sentimientos, y éstos proceden de sus pensamientos, y que todo lo anterior no resultado del mundo externo.

Pensamientos > Sentimientos > Acciones

Nadie puede controlar sus pensamientos, solo usted lo puede hacer. Y si sus pensamientos son la causa de su actual situación, por ende el único que puede cambiarla es usted, nadie más. El poder de su mente es grandísimo, poderoso. ¿Porqué no usarlo para beneficio de su matrimonio en vez de perjuicio? ¿Para crear en vez de destruir? ¿Para vivir como en el cielo, en vez de estar viviendo en un infierno? ¿Para auto-superarse?

Una persona me decía en una ocasión. "No creo, eso de la auto-superación, es puro lavado de cerebro, puro coco wash". Y le dije: Si, sí, sí, claro que sí. Eso es. Hay que lavarle el cerebro, limpiarlo de todos esos pensamientos destructivos, negativos, y llenarlo de pensamientos constructivos, positivos, de alegría y confianza en que puede y tiene derecho a vivir una vida feliz.

Si durante toda tu vida le han hecho un lavado de cerebro con pensamientos negativos, diciéndole que no puede porque es chaparro, o alto, prieto o blanco, o cabezón, o porque es pobre, o porque no tiene Papá o Mamá, y hasta le han metido en la cabeza que usted es culpable de que su mamá se haya casado con su papa porque ella se embarazó y nació usted, si le han dicho que usted es culpable que su abuelita haya sufrido mucho por cuidarlo, hasta le metieron en la cabeza que es culpable de que ha Jesús lo hayan crucificado. Ahora si necesita un lavado de cerebro para quitarle todas esas culpas y traumas.

Otros posiblemente le han metido en la cabeza que su matrimonio no durará, porque viene de una familia disfuncional, porque su papa y su mamá se divorciaron y todos sus hermanos se han divorciado, en fin le han lavado el cerebro en forma negativa. Bueno, porque no limpiarlo ahora y llenarlo de pensamientos positivos, que le lleven a vivir feliz con su pareja, así como muchos otros viven felices. Todo está en que usted decida.

Todo viaje de mil kilómetros empieza con un primer paso. Y usted ha dado ese primer paso para ese viaje de salvar su matrimonio al estar leyendo este libro. No le crea de los perdedores, a los que han fracasado. Recuerde que si un ciego guía a otro ciego ambos caerán en un poso. Aléjese de los perdedores antes de que sea demasiado tarde.

Rodéese de los triunfadores como yo, que tengo más de 42 años de casado (por supuesto con la misma mujer) y no he faltado una sola noche en ir a dormir a mi casa porque me haya enojado con mi esposa. Nunca nos hemos separado. Yo como abogado de divorcios, he aprendido con los errores de los demás, si de mis clientes. No soy un Santo, pero he sabido sobrellevar las diferencias con mi esposa. Claro que hemos tenido problemas, claro que hemos soportado dificultades, claro que pensamos diferente, pero gracias a Dios, nos hemos puesto de acuerdo.

No hagas a un lado mis consejos y encontrará en ellos el secreto para resolver sus diferencias matrimoniales, y por ende llevar la relación de pareja que siempre ha deseado. Siga mi Método Menista al pie de la letra y tendrá grandes resultados. Déjeme acompañarte en su camino a salvar su matrimonio.

EL PORQUÉ UTILIZO PASAJES DE LA BIBLIA

Bueno, primero te diré que el ser humano está constituido de una trinidad, espíritu, alma y cuerpo. El espíritu es la parte que necesita a Jesucristo como salvador, el cuerpo es la parte física que se puede enfermar, y el alma es la parte emocional.

Con el espíritu sentimos la culpa y buscamos el perdón de Dios. Con el cuerpo sentimos el dolor físico y nos vamos con el médico a ser tratados. El alma también se lástima en lo emocional, pero no es siempre tan obvio, y pocas veces se busca solución, pero el daño existe. Cuando algo nos lastima emocionalmente decimos que nos duele hasta el alma. Más, sin embargo es de suma importancia buscar ayuda para esta parte de nuestra vida que no solamente nos daña a nosotros, sino también a los que nos rodean.

Alguien con daños emocionales no puede ser efectivo en su vida cotidiana como padre o esposo, ni tampoco en el trabajo, y mucho menos en la obra de Dios, simplemente porque no lleva una vida feliz. Uno puede haber recibido a Cristo y amar a Dios, pero si sus problemas emocionales no están resueltos, no puede dar un buen testimonio.

No olvidemos el deseo real de Dios en nuestras vidas, de que seamos plenamente felices. dice en la Biblia.

"El ladrón viene para hurtar y matar y destruir; yo (Jesús) he venido para que tengan vida, y para que la tengan en abundancia." Juan 10:10

Por lo anterior utilizo en mi Método Menista la consejería cristiana, que es terapia apoyada con la Palabra de Dios, seguro de que con ese apoyo llegara a salvar su matrimonio.

El Autor

Jesús Alejandro Mena Gauna

INTRODUCCION AL MATRIMONIO

Convivencia - El Nosotros - Comunicación sexual - Actitud frente a las desavenencias - Los Padre - Una frágil unión que se debe cimentar día con día - Una rutina de equilibrio y consenso - Hemos de conocer al otro - Lo que NO conviene hacer en el matrimonio - Algunos secretos de los matrimonios felices.

Antes de iniciar con el primer capítulo de este libro, en donde le explicaré paso a paso el Método Menista que hará que en 6 días salve su matrimonio, es necesario revisar de un forma rápida pero efectiva, lo que conlleva la vida matrimonial. No se desespere, seguro estoy que logrará sus objetivos si hace al pie de la letra lo que le indico. Tenga paciencia. Comencemos.

Convivencia

Por lo que usted esta pasando con su pareja, no es exclusivo de ustedes y es algo muy común. Para la mayoría de las personas, decidirse a vivir en pareja constituye una de las decisiones más importantes de su vida. Sin embargo, algunas parejas sucumben a la decepción después de comprobar que la convivencia no es tan sencilla ni tan gratificante como esperaban. Muchas veces, las dificultades que atraviesan estas parejas se deben a la falta de habilidades de convivencia. *La escasa comunicación, el no saber resolver conflictos o pactar, el no divertirse juntos o el no apoyarse mutuamente,* provoca la falta de entendimiento y el progresivo distanciamiento, a pesar de habitar bajo el mismo techo.

La mayoría de las parejas, por no decir todas, poco tiempo después de haber iniciado la convivencia, empiezan a darse cuenta de que vivir de forma cotidiana en un mismo techo requiere de algo más que ilusiones y buenas intenciones para lograr que su relación funcione bien.

Para empezar, cada uno de los miembros que forman la pareja necesita enfrentarse al hecho de haber dejado de ser hijo o hija de familia. Ahora son el compañero o la compañera de una persona con la que se han comprometido. Cada uno es ya un adulto independiente de su familia de origen y necesita aprender una nueva forma de relacionarse con la familia que acaba de formar.

En segundo lugar, el compromiso contraído con la pareja requiere *limitar actividades que antes se hacían libremente como solteros,* para darle ahora prioridad a la relación entre los dos.

Acuerdos. También es importante que establezcan acuerdos para regular su nueva forma de vida. Cada uno está aportando a esta convivencia su propia individualidad con hábitos, costumbres y formas de proceder adquiridas por la educación que han recibido en su anterior hogar. Se requiere unir esas dos individualidades mediante acuerdos tomados en común acerca de muchos asuntos, como los horarios de trabajo, la disposición del tiempo libre, la administración del dinero y muchas otras cosas más.

Es seguro que al tratar de establecer estos acuerdos van a surgir múltiples diferencias entre los esposos. Pero si recuerdan que estas diferencias son las que contienen la riqueza potencial de su relación, serán capaces de hacer el esfuerzo que se necesita para lograr el consenso, aunque esto rompa, momentáneamente, la armonía o tranquilidad que desearían tener y los lleve a discusiones en las que se sientan incómodos por verse enfrentados a lo que no les gusta de ustedes mismos.

Si los dos están dispuestos a trabajar activamente por su relación y a no dejar asuntos pendientes que se conviertan en un lastre en el futuro, se darán cuenta que los conflictos, grandes o pequeños, son parte inherente de la vida de una pareja y que buscarles solución, en vez de negarlos o evitarlos, es algo enriquecedor que los ayudará a madurar.

La situación contraria, es decir, *quedar vinculados emocional o físicamente a las familias de origen, resistirse a abandonar las actividades de solteros, no establecer sus propias normas de funcionamiento o huir de las situaciones conflictivas, buscando distracciones como el trabajo o las amistades,* es vivir esta etapa de manera equivocada, es obstruir la madurez que puede lograrse y dejar asuntos inconclusos que van a dificultar, en el futuro, su relación.

Expectativas. Otro punto muy importante de esta etapa en la vida de los cónyuges es que, en un plazo no muy largo, ambos se darán cuenta de que no se cumplen las expectativas que tenías acerca de su relación. Como esas expectativas generalmente se relacionan con recibir cariño, comprensión, apoyo a lo que es cada uno, en la medida en que cada cual lo necesita, el no recibirlo como se desea, produce malestar y desilusión, y hasta la sensación de haberse equivocado en la elección de pareja.

A veces, nuestro ego está tan necesitado de todo lo que esperábamos para darnos fuerza, que no toleramos el no recibirlo, y en cambio encontramos críticas, confrontaciones y motivos de malestar, y tomamos la decisión de dar por terminada la relación a través de una separación que, con frecuencia, quizás pudiera haberse evitado con una mayor comprensión y deseos de superación por parte de ambos.

Por desgracia, muchas otras veces se hace imposible la convivencia por mil y una causas propias y ajenas a la pareja, y es mejor para los dos poner fin a la relación de una forma civilizada y todo lo amistosa que las circunstancias permitan. Tan equivocado resulta romper una relación sin antes haber intentado sinceramente poner remedio a los problemas como obstinarse en mantenerla contra viento y marea.

Fogata. Una analogía aplicable a esta etapa de la vida de una pareja, sería decir que un hombre y una mujer inician su relación con un gran estallido de luz que ilumina sin cegar y calienta sin quemar (el enamoramiento). Esto tiene una duración breve, y la gran luminaria se convierte en una fogata que sigue iluminando y calentando pero que requiere ser alimentada con leña nueva cada día, es decir, con amor, cariño, atención y comprensión.

El Nosotros

Al contraer matrimonio, con la convivencia se inicia la etapa de identificarse como pareja, de dejar de lado el tú y el yo, que son reemplazados por el "nosotros", donde el compartir es la fórmula esencial.

Lo principal para crear ese "nosotros" es el desarrollo de la intimidad, que lleva a los dos a mostrarse más abiertamente. La comunicación juega un papel fundamental en esa apertura para convertirse en descubridores y no en juez del otro. Es colocarse en el lugar del otro, entendiendo lo que piensa, siente y cómo actúa.

Para que la intimidad se desarrolle hay que vencer el miedo a mostrase a sí mismos con sus temores y vergüenzas, hay que vencer ese temor a decepcionar al otro, lo cual es un error sentirlo, porque uno es amado realmente cuando se muestra tal como es y el otro así lo acepta.

Comunicación sexual

El lenguaje íntimo de la pareja se expresa a través del cuerpo, donde la comunicación va más allá de las palabras. Es una comunicación integral que refleja los más profundos deseos, temores y necesidades, y que da la posibilidad de descubrir diferentes facetas de la personalidad.

Hay que considerar el afecto sexual como algo que se debe aprender. Algunos piensan erróneamente que el hombre siempre tiene que "hacerlo bien a la primera", como si naciera sabiendo.

A la mujer, en cambio, históricamente le ha prohibido llevar la iniciativa en cualquier relación sexual, obligada a ir siempre a remolque de lo que el hombre dictara, aunque ello le impidiera disfrutar plenamente. En términos sexuales, la mujer tiene un proceso de excitación más lento, con lo cual es importante que ella guíe al hombre señalándole lo que le agrada o le desagrada, haciendo la relación más satisfactoria. De esta forma, la relación se hace "con" el otro, y no "a pesar" del otro.

Actitud frente a las desavenencias

Como dije al comienzo, no es extraño encontrar parejas que poco después de iniciar la vida en común se ven invadidos por la desilusión. Probablemente, pensaron que todo el amor que profesan hacia su compañero o compañera haría imposible la aparición de discusiones y enfados relativamente importantes, y no fue así. Podría decirse que el amor entre los dos cónyuges es el bálsamo capaz de curar las heridas que provocan las desavenencias, pero no es una vacuna infalible, por intenso que ese amor sea. Se debe tener presente que los conflictos, a veces importantes, a veces absurdos, son el peaje que hay que pagar para que la pareja continúe avanzando satisfactoriamente por la autopista de su relación matrimonial.

Los Padres

Tenemos que tener presente que la relación con la familia de origen cambia radicalmente, se hace más madura y adulta. La madre y la hija se ven ahora como esposas o compañeras de sus respectivas parejas, y no sólo como madre e hija.

La libertad emocional con los padres no se consigue de

forma instantánea, sino que se va logrando paulatinamente. La pareja debe tomar esta separación como un proceso sociológico normal. Una separación gradual y nada traumática permite que entre ambos se desarrolle una identidad común. Por su parte, los padres pueden ayudar a la pareja de muchas formas. Estas ayudas a veces también son necesarias en la medida que no interfieran con la relación de pareja y no afecten a su intimidad. Iniciar una nueva vida con otra persona no debe significar nunca una ruptura drástica con aquellos con los que hemos compartido nuestras penas y alegrías hasta este momento.

Para terminar, debemos recordar siempre que lo principal que tiene que aprender una pareja que se embarca en la apasionante aventura de vivir juntos en matrimonio, es crear una identidad común que sea capaz de vencer los contratiempos y desavenencias que inevitablemente irán surgiendo a lo largo y ancho de su relación.

Una frágil unión que se debe cimentar día a día

Cada uno de nosotros somos un mundo y trasladamos nuestras peculiaridades al ámbito de la relación de pareja: a unos les gusta mandar, pero otros tienen un perfil más sumiso o conformista, unos prefieren decidir, y otros que decidan por ellos, a unos les encanta dar y darse al otro, mientras que otros parecen haber nacido sólo para recibir de los demás, unos necesitan más cariño y a otros les abruman las emociones a flor de piel. Veamos, que la pareja es un ente peculiar, una institución no por tradicional menos imprevisible, y formada por dos miembros a su vez distintos.

Es fácil convenir en que no hay una fórmula que garantiza el éxito de la vida en pareja. Cada unión se rige por unas reglas, normalmente no explicitadas por sus miembros, pero que sirven para mantener viva (en el mejor de los casos armónica) la relación mientras dura. Lo que sigue son sencillas propuestas generales para fomentar la armonía en la vida de pareja, partiendo siempre de dos puntos de partida: *la igualdad de derechos de sus miembros* y la promoción de una dinámica activa, equilibrada, participativa y sincera en el desarrollo de la relación a lo largo del tiempo.

El Doctor Efigenio Amezua, experto sexólogo y teórico de la vida en pareja, define a ésta como una relación de comunicación que debe organizarse sobre las bases de *sentirse con..., comunicarse con... y compartirse con...* Expliquemos estos conceptos.

Sentir la presencia de la otra persona en ese camino que ambos han decidido compartir, percibir su compañía, su apoyo y su incondicionalidad, lo que no exime a cada uno de la responsabilidad de andar la parte del camino que le corresponde. *Comunicarse* desde el gesto y la palabra abierta y positivamente, de quien cree y confía en su interlocutor y con un cuerpo que se expresa desde la receptividad, la amistad y la caricia. *Compartirse* no significa sólo intercambiar cosas, favores o deberes. Compartirse es darse, mostrarse involucrado, ofrecer abiertamente la vulnerabilidad de cada uno en la seguridad de ser entendido, aceptado y querido.

Una rutina de equilibrio y consenso

La búsqueda de la armonía de la pareja nos mueve a muchos a intentar identificar todo aquello que conviene evitar y también lo que debemos hacer cuando surgen los desencuentros. Comencemos por crear una rutina en la que queden desterrados los silencios con significados negativos, los enfados soterrados y los rencores acumulados. En su lugar, hablemos. Pongamos un diálogo constante y la negociación: el consenso y los acuerdos. Ante la discrepancia de opiniones, la alternancia en las decisiones es una buena opción: hoy eliges tú la película a ver en el cine, mañana decido yo a qué restaurante vamos.

Lo importante es mantener el buen ambiente y evitar los agravios o las desconsideraciones. No temamos los desencuentros ni las crisis, intentemos utilizarlos para fortalecer la relación. Unas buenas habilidades de comunicación nos sacarán de muchos atolladeros. Puestos a desterrar hábitos perniciosos, empecemos con la culpabilización. Abandonemos esa caza de brujas de quién ha sido el culpable, y pasemos a considerar global y lúcidamente qué parte de responsabilidad nos corresponde a cada uno en los hechos. Y a la más mínima duda, preguntemos.

Ceder el paso a los *sobreentendidos,* los silencios acusatorios y las suposiciones genera posos de desconfianza y distanciamiento que envenenan la relación y resultan difíciles de disipar. Una pregunta, un comentario a tiempo, frena ansiedades y malestares y permite que fluya la comunicación.

Otra cosa es cuando surgen *problemas de gran calado* (discrepancias profundas en temas esenciales, relaciones sentimentales con personas fuera de la pareja, incompatibilidad de caracteres o costumbres, aburrimiento o cansancio en la pareja...), que requieren medidas a veces drásticas que no son objeto de esta reflexión. De todos modos, estas propuestas son también útiles para encarar situaciones excepcionales o graves que deterioran gravemente la relación.

Vivir en pareja no debería significar una actitud de dar sin límites y no esperar nada a cambio. Eso es una falacia y genera desequilibrios que, antes o después, terminan pasando factura. En la pareja, al igual que en toda relación, hay que dar y recibir. Hoy yo, mañana tú. Vasos comunicantes que se ladean en un sentido u otro y cuyo fin es mantener la estabilidad. Las desigualdades pueden dar lugar a situaciones de dominio que a largo plazo generan insatisfacción al menos en una de las dos partes.

Hemos de conocer al otro

Conviene que nuestra pareja sepa qué nos gusta, qué y cómo lo queremos. Hemos de mantener informada a nuestra pareja del momento que vivimos, porque no siempre sentimos, ni queremos, ni vivimos lo mismo: nuestra vida es una sucesión de etapas, y cada una de ellas tiene sus peculiaridades propias. Somos, afortunadamente muy distintos, pero también compartimos cosas. A todos nos gusta que nos respeten, que nos quieran, que cuenten con nuestra opinión, que nos valoren como personas en toda nuestra dimensión: como trabajadores, como hijos, como padres, como amantes, como amigos, como interlocutores.

El cuerpo es un gran comunicador y hemos de dejarle expresarse. Si queremos mantener un diálogo fluido con nuestra pareja, las relaciones corporales (no exclusivamente las sexuales, sino también las caricias, los besos, los abrazos) han de ser cotidianas y satisfactorias para ambos. Adaptémoslas a cada momento, circunstancia y etapa de nuestra vida. Que formen parte de ésta porque ayudan a garantizar que la calidez, la ilusión y la búsqueda del disfrute forman parte de nuestro código.

Una canción dice "Se hace camino al andar". La pareja se hace cuando cada día sentimos que vamos juntos en el mismo camino, comunicándonos desde el cuerpo y la palabra y compartiéndonos de forma incondicional. Establezcamos nuestro propio código propio, basado en la comunicación, la confianza, el respeto, la ternura y el placer.

Lo que NO conviene hacer en el matrimonio

1.- No conviene esperar a que mi pareja adivine lo que quiero y necesito, a que se adelante a mis deseos antes de formulárselos, a que renuncie a su vida personal y me coloque en el centro de su existencia, a que sea la procuradora de mi felicidad.

2.- No conviene responsabilizarle de mis frustraciones, de que lo que obtengo de mi vida de pareja no se corresponde con mis expectativas, de los cambios que he tenido que introducir en mi vida.

3. No conviene competir por quién es más o menos,

mejor o peor, quién le debe más o menos al otro, quién es esto, aquello o lo otro, quién es el que más pone para mantener viva la pareja.

4. No conviene ser infiel al proyecto en común, pero no entendido exclusivamente como las relaciones sentimentales y/o sexuales con otra persona sino en su totalidad. Para no perjudicar a nuestra vida en pareja hemos de mantenernos leales al compromiso adquirido, trabajar día a día para reavivar ese proyecto común, intentar que esa ilusión inicial, ese amor, crezca; o, al menos, se mantenga y la vida resulte gratificante para ambos.

5.- No conviene acumular, sin sacarlos a la luz y sin comentarlos de forma relajada, desaires, desacuerdos, enfados, reproches, faltas de respeto y desilusiones,.

6.- No conviene dudar de la otra persona. Las fisuras por falta de confianza suponen el inicio del resquebrajamiento de la pareja. Es difícil, y muy duro, amar a alguien de quien se duda.

7.- No conviene permitir o propiciar los silencios ante situaciones que pueden provocar un desencuentro o bronca. Positivicemos: una circunstancia crítica puede ayudar a aclararnos, a adoptar compromisos y acuerdos. El silencio es el vacío y en éste (aunque en principio pueda resultar apacible y llevadero) no hay nada.

8.- No conviene renunciar a formular nuestras quejas, necesidades y querencias de una forma clara, concisa y directa. Hemos de mostrar una clara intención de negociar cambios concretos y de acordar en firme con plazos determinados, todas las cosas que planteamos.

9.- No conviene la ironía, el sarcasmo, la crítica destructiva, el grito, el insulto, la ridiculización, la descalificación o el desdén al dirigirnos a la otra persona. Las formas cuentan, y mucho. La familiaridad no debe convertirse en ordinariez, falta de respeto o grosería. Hemos de procurar que las discusiones tengan un cierto protocolo, unos límites que no conviene sobrepasar. Todo puede decirse con un mínimo de corrección y respeto al otro. Lo cortés no quita lo valiente.

10.- No conviene culpabilizar al otro de todo cuanto no ha salido como esperábamos.

11.- No conviene relegar las relaciones sexuales a un plano secundario. Son imprescindibles para el mantenimiento del compartir, de la confidencialidad y la ilusión en la relación de pareja. La carencia de estas relaciones corporales abonan el desánimo y la apatía en la comunicación de la pareja. La rutina y la inercia que la acompaña nos puede llevar a un callejón sin salida.

12.- No conviene gestionar mal las cosas prácticas. Una vida en común tiene muchos aspectos tangibles, prácticos y cotidianos sobre los que hay que llegar a acuerdos. Hemos de hacer frente a tareas domésticas, gastos y otros cometidos familiares. Habrá que hablarlo y ver cómo vamos a organizar los gastos, la distribución de las tareas domésticas, la crianza de los hijos o, incluso, las vacaciones. Lo mejor es una negociación continua que se adapta a cada etapa de la relación.

13.- No conviene creer que sólo existo yo. La relación es cosa de dos, pero de dos que suman. Por tanto, empieza por uno mismo y es por ello que me cuido física y anímicamente, me mimo y hago de mi vida una vida rica en situaciones, experiencias nuevas y sensaciones; en esa medida, aporto riqueza a esa relación. Cada uno tiene su propia vida y la pareja es la expresión de dos vidas que se unen para sumar, para aportar la una a la otra.

Algunos secretos de los matrimonios felices

Cuando se les pregunta el secreto de la felicidad de su matrimonio, muchas parejas en esta gozosa situación lo atribuyen a la suerte. Les parece natural, no se les ocurre cómo podría ser de otra manera, ya que tuvieron la fortuna de encontrar a esa maravillosa pareja. No se dan cuenta de que fue su inconsciente el responsable de esa elección, gracias al modelo que aprendieron en su familia de origen, donde (la mayor parte de las veces) los propios padres tuvieron un matrimonio feliz. También aprendieron en su primer hogar a ser tratados con respeto y cariño; fueron acogidos con amor y luego se les impulsó a ser libres. De ahí que hayan logrado hacer una elección sana.

¿Pero qué pasa cuando no se contó con la fortuna de un hogar así? Quienes vienen de un hogar desintegrado o una familia disfuncional, ¿no tienen posibilidades de lograr un matrimonio feliz?

Claro que pueden lograrlo, pero tienen que lograr primero una madurez básica y luego ser conscientes de las dificultades que enfrentan, de las necesidades propias, las del cónyuge y las de la relación, para de este modo salvar los obstáculos que se les presentan.

Para lograr un matrimonio feliz hay algunos puntos que son de crucial importancia. Estos son algunos de los secretos de los matrimonios felices, según algunos expertos en el tema. Estas parejas:

* Nutren constantemente su relación.
* Respetan la individualidad del otro, su ser, su personalidad, su desarrollo en el mundo.
* Respetan la libertad del otro.
* Reiteran día a día el compromiso que tienen uno con el otro.
* Son, uno para el otro, los mejores amigos.
* Tienen un intercambio flexible de posiciones de poder. Según las situaciones y de acuerdo con las capacidades de cada quien, a veces uno y a veces el otro ejerce el liderazgo.
* Aun con el paso de los años se mantiene la atracción física.
* La relación sexual es libre, espontánea y satisfactoria.
* Se tocan, abrazan, besan, acarician.
* Tienen sentido del humor, especialmente cuando se trata de

enfrentar sus diferencias.

* Expresan lo que sienten y sus sentimientos son validados por el otro.

* Dicen lo que se les ocurre; no se avergüenzan de parecer tontos o ignorantes.

* Dicen claramente lo que piensan cuando algo no les parece correcto.

* Tienen gestos como llamarse al trabajo, comprarse flores o pequeños obsequios, decirse "te amo", halagarse mutuamente, planear encuentros juntos, momentos especiales...

Capítulo 1

EL MÉTODO MENISTA QUE EN SEIS DÍAS PUEDE CAMBIAR SU VIDA Y SALVAR SU MATRIMONIO

En la Biblia dice: *"Pero a los que están unidos en matrimonio, mando, no yo, sino el Señor: Que la mujer no se separe del marido; y si se separa, quédese sin casar, o reconcíliese con su marido; y que el marido no abandone a su mujer. 1 Corintios 7:10-11"*

Iniciaré el primer capítulo de éste libro mostrándole, cómo en solo seis días, puedes cambiar su vida, y por consecuencia, comenzar a salvar su matrimonio, a recuperar la atención de su pareja, a recuperar su hogar, a dejar de preocuparse y de discutir, a obtener paz mental, salud, en pocas palabras obtener lo que usted quiera.

Lo más probable es que lo esté dudando, y lo vea como promesas ilusorias e irreales, no se desanime, sigua leyendo, es lógico que piense así, debido al mundo mediocre en que ha escogido vivir y sería algo imposible en su mundo actual. Pero si le muestro el camino a un mundo diferente, un mundo de felicidad que en realidad existe; le aseguró que lo puede lograr.

Se lo digo por experiencia, tengo más de 42 años de casado, sin habernos separado de mi esposa ni siquiera un solo día, por pleitos entre ella y yo. Usted puede escoger vivir en el cielo o en el infierno aquí y ahora. Si ha estado viviendo en un infierno o en la antesala del abismo, le voy a mostrar cómo puedes cambiar al cielo ahora, en compañía de su pareja.

El Método Menista que yo he creado es milagroso, pero tiene usted que actuar, nada le caerá del cielo si usted no hace nada de su parte. Como dicen por ahí: "A Dios rogando y con el mazo dando". Es tan sencillo como la siguiente ecuación:

Información + Afirmación + Acción = Milagro

Solo le pido que hagas lo que le indico cada día, cada día leerá solo una lección, y pondrá en práctica lo que le diga, y estoy cien por ciento seguro que si lo hace, llegará a ser otra persona en menos de una semana y recuperara y fortalecerá su matrimonio.

El "Método Menista" se basa en principios de Dios, por lo cual es necesario hacer oración diariamente después de cada lección, para pedir a Dios su ayuda.

PIDALE A DIOS que se conecte con usted por medio de sus ángeles. Trate de calmarse y relajarse y, una vez que esté en oración, invite al ángel de Dios para que se haga presente. Concéntrese y abra su corazón, para que vea qué tiene Dios reservado para usted.

LEA y medite lentamente la parte de las Escrituras de la Biblia que ha sido mencionada en cada lección. Tome nota de las palabras y de las frases que le llamen la atención y, si lo considera necesario, léalas varias veces hasta memorizarlas.

REFLEXIONE en lo que le ha llamado la atención. ¿Cómo se relaciona con este momento de su vida? ¿De qué manera Dios le está hablando a través de dichas palabras? Tómese el tiempo necesario, para que dichas palabras se incorporen a su vida, y dele las gracias a Dios por interactuar con usted.

RESPONDA a las Escrituras. Háblele directamente a Dios acerca de lo que guarda en su mente y en su corazón. Busque la forma de aplicar en su vida lo que ha descubierto, tanto individualmente como junto con su pareja. Además, trate de compartir lo que ha descubierto con otros.

Comencemos:

I.   *Primer día.*

Como obtener lo que usted desea en su matrimonio.

¡Cuidado con sus pensamientos!

Ha de haber escuchado una frase que dice, *"Un viaje de mil millas comienza con un simple paso"*. Usted ha dado ya en este momento ese primer paso a salvar su matrimonio. ¡Felicidades!

Si es como la mayoría de la gente, siempre vive muy ocupado(a). Sin embargo, si quieres recuperar a su pareja lo más pronto posible, en los próximos seis días, dese tiempo de leer el tema correspondiente de ese día y poner en práctica los ejercicios o acciones a seguir. Solo le tomará unos pocos minutos. Después de que hayamos visto algún material básico que es esencial para entender cómo trabaja este sistema, le revelaré el "Método Menista" que puede cambiar su vida para que salve su matrimonio. A lo mejor usted puede descubrirlo antes de que se lo diga yo. De cualquier manera, relájese y disfrute de ésta aventura a la felicidad.

Me gustaría comenzar éstas lecciones. Haciéndole un pregunta muy importante.

¿Sabe porque está leyendo esto ahora?

Algunas de sus respuestas podrían ser, "Porque quiero vivir feliz con mi pareja"; "Porque me regalaron éste libro"; "Porque me encontré con su página web en Internet"; o porque "un amigo me dijo acerca de usted"; pueden ser un sinnúmero más de razones lógicas.

Pero lo importante es que: No importa si hay o no una explicación lógica. El que esté leyendo esto, significa que hay algo que esta buscando, pero no ha descubierto como obtenerlo en su matrimonio, en su vida todavía.

Esto pude ser algo relacionado con su esposa o esposo, su hogar, sus hijos, o incluso algo intangible, como la paz de la mente.

Pero hasta que entienda lo que le voy a revelar, de cómo las cosas llegan y salen de su vida, podrá finalmente realizar sus sueños y salvar su matrimonio. Le daré estrategias una después de otra, rápidamente, fácil y sin que se estrese.

Primero quiero decirle que su mente es su más poderosa herramienta, para realizar cualquier cosa que quiera en la vida. Sin embargo, si todos (bueno, casi todos) tienen una mente, ¿Por qué no la utilizan, para crear la vida que desean?

¿Por qué será que la mayoría de la gente utiliza el poder de su mente, para trabajar en contra de ellos mismos, en vez de trabajar a su favor?

Muchos ven a su cónyuge como su enemigo y no es así, se lo voy a demostrar en el curso de éste trabajo.

Su enemigo es su mente. Sí, usted mismo es su enemigo y su destructor. No quiero decir con esto que su cónyuge no tenga culpa de alguna situación, pero el principal responsable de cómo vive es usted mismo. Pues sus acciones provienen de sus sentimientos y sus sentimientos provienen de sus pensamientos. Lo que usted se imagina de su pareja, de las cosas externas, del mundo que le rodea, de las personas y lugares que ve, es solo responsabilidad suya. Nadie más que usted solo puedes cambiar de un pensamiento negativo a un pensamiento positivo, de uno que destruye su relación de pareja a otro que la edifica.

Antes de continuar le voy a predecir su futuro.

Muy bien. No soy un vidente, pero voy a comenzar pronosticando su futuro, con un 100% de precisión.

¿Cómo puedo hacerlo?

Es muy simple. Yo sé algo de usted, algo que me ayudará a predecir su futuro con un 100% de precisión.

¡Es esto! "Si usted continúa pensando sobre su relación de pareja, sobre su matrimonio, sobre su cónyuge, lo que ha estado pensando; Si continuará viviendo, haciendo, actuando y mostrándose, como lo ha estado haciendo, seguirá obteniendo lo mismo que ha conseguido, es decir llevar su matrimonio al fracaso"

En otras palabras. Lo que usted está viviendo hoy y lo que va a experimentar en el futuro, es el resultado de sus previos pensamientos. Su futuro está predeterminado por sus pensamientos de hoy. **Por lo tanto, si quieres cambiar su futuro, debe cambiar sus pensamientos de hoy.**

Si le puedo convencer que hagas esto, le aseguro que tendrá absolutamente un fantástico, exitoso, emocionante y feliz futuro, y salvara su matrimonio.

Concéntrate en lo que quiere; y NO, en lo que no quiere.

En este trabajo voy hablar mucho del PODER DE CONCENTRACIÓN. La forma en que ve la vida, a su pareja, su matrimonio, y alguna cosa en particular, depende en lo que piensa, en lo que se concentra, en lo que pone su atención.

Hágase esta pregunta: **¿En qué me concentro la mayor parte del tiempo?** Si es como la mayoría de la gente, va a descubrir algo interesante sobre si mismo, va a descubrir, que pasas la mayor parte del tiempo, concentrándose en cosas que no quiere de su pareja y no en aquellas que le gustan; en cosas que posiblemente perjudican la reputación de su cónyuge, y por consecuencia esos pensamientos conllevan a la destrucción de su matrimonio.

¿Por qué es esto importante?

Porque no espere tener lo que quiere, si solo piensa en lo que no quiere. La cosa es simple, usted va a crear y atraer más de aquello en lo que se concentra. Por eso ¡Cuidado en lo que se concentra!

¿Quieres pruebas?

Le han dicho alguna vez: "Me siento muy estresado(a) pero no sé porque"; es fácil imaginarse porqué, observando que es lo que ve, que piensa y que aprende. Es imposible sentirse mal, triste, tenso o negativo y no saber porqué.

Si se sientes estresado, es porque estas concentrado en pensamientos estresantes. En otras palabras, esta poniendo toda tu atención en lo que no quiere para usted o para los suyos y esto lo hace sentirse estresado.

Dicho de otra forma, malos pensamientos nunca pueden producir buenos resultados, y buenos pensamientos nunca pueden producir malos resultados.

Ya lo dijo Jesús de Nazaret en "*Mateo 7: 17-20 Todo árbol bueno da frutos buenos, pero el árbol malo da frutos malos. Un árbol bueno no puede dar frutos malos, ni un árbol malo frutos buenos. Todo árbol que no da buen fruto es cortado y echado al fuego*"

Y sus pensamientos son el árbol del que se habla en el versículo anterior. Tenga mucho cuidado en los que piensa.

Entonces eche fuera de usted esos pensamientos negativos de lo que no quiere, y llénese de pensamientos positivos de lo que si quiere. Ya deje de pensar cosas malas de su pareja. Piense en las cosas buenas de ella.

Si alguna vez se siente estresado, preocupado, temeroso o tiene otros pensamientos negativos, es porque está haciendo dos cosas:

Primero. Se está concentrando en cosas negativas del pasado o en lo que no quiere que pase, y

Segundo. Se está concentrando en el futuro y no en el momento presente. Es imposible sentir estrés, preocupación, temor o alguna otra emoción negativa, si está viviendo el momento presente.

La única manera de que pueda sentir emociones negativas, es pensando en lo que usted no quiere que suceda en el próximo momento, en la próxima hora, en el próximo día, el la próxima semana, en el próximo año, etc.

¿Está siempre pensando en el pasado? ¿Qué sucedió y como le gustaría que hubiese sido? ¿Está preocupado por el futuro? ¿Por el próximo minuto, día o semana, etc.?

Comience ahora. **Fíjese en que se concentra la mayor parte del tiempo.** Cuando hagas esto, fíjese bien, como usted piense ahora, así será su futuro. Repito esto último: como usted piense ahora, así será su futuro.

Una vez que haya entendido esto, podrá predecir su futuro. Si continúa pensando en lo que esta pensando, continuara haciendo lo que esta haciendo. Si cambia sus patrones de pensamiento y se enfoca solamente en lo que quiere, en vez de estar pensando en lo que no quiere, comenzará a crear un nuevo y excitante futuro de una vida, una vida amena exitosa en su matrimonio y con su pareja.

Su tarea para esta primera lección es:

1. Es estar al pendiente de sus pensamientos, desde ahora hasta la próxima lección el día de mañana. Me gustaría que fuera un observador de sus pensamientos. No haga juicios. Solo observe. **Observe en que piensa la mayor parte del tiempo.**

Le recomiendo que hasta aquí detengas su lectura por el día de hoy, para que se enfoque en hacer su tarea. Mañana continuará. A menos que solo esté leyendo por curiosidad para obtener información y no quiera en realidad cambiar para salvar su matrimonio y recuperar a su pareja.

No se apresure, no se desespere. Si tiene meses o años destruyendo poco a poco su matrimonio y su hogar. Un día más para recuperarlo no es nada.

Como lo dije anteriormente éste manual es también un cuaderno de trabajo. Así que de momento esta prohibido continuar con la lectura u hojear el libro. Ciérrelo. Debe hacer la tarea antes de ver el contenido de éste libro. Porque estoy muy seguro que el contenido de éste libro va a cambiar su manera de pensar y no quiero que sea antes de hacer su tarea, para demostrarle el error en que ha estado viviendo.

2. Escriba a continuación seis de sus pensamientos diarios relativos a cosas malas negativas de su pareja, su matrimonio, su relación o su hogar.

Lista número 1

Seis cosas negativas de mi pareja, matrimonio u hogar, que pienso durante el día.

1.- _____

2.- _____

3.- _____

4.- _____

5.- _____

6.- _____

3. Afirmaciones. Después de haber llenado la lista anterior (no antes), deberá hacer el siguiente ejercicio, pararse frente a un espejo, mirarse a los ojos y decirse seis veces cada una de las siguientes frases.

1) Yo soy hijo de Dios y tengo derecho a ser feliz.
2) Yo salvaré mi matrimonio
3) Yo olvidaré el pasado
4) Mi futuro será maravilloso
5) Yo seré feliz con mi esposo(a).
6) Todo depende de mí.

4. Además es el momento de que se entere en que etapa del matrimonio se encuentra, para eso revise el capítulo "Etapas del Matrimonio" que viene en este libro.

5. Lea en la Biblia. Mateo 7:17-18

6. Repita 6 veces en voz alta el vercículo de la Biblia que aparece al inicio de éste capítulo, que es *1 Corintios 7:10-11*

PIDALE A DIOS que se conecte con usted. Trate de calmarse y relajarse y, una vez que esté en oración, invite a Dios a que se haga presente por medio de sus mensajeros que son sus ángeles. Concéntrese y abra su corazón para ver qué tiene Dios reservado para usted.

LEA lentamente la parte de las Escrituras que ha sido mencionada en esta lección. Tome nota de las palabras y de las frases que le llamen la atención y, si lo considera necesario, léalas varias veces hasta memorizarlas.

REFLEXIONE en lo que le ha llamado la atención. ¿Cómo se relaciona con este momento de su vida? ¿De qué manera Dios le está hablando a través de dichas palabras? Tómese el tiempo necesario para que dichas palabras se incorporen a su vida y dele las gracias a Dios por interactuar con usted.

RESPONDA a las Escrituras. Háblele directamente a Dios acerca de lo que guarda en su mente y en su corazón. Busque la forma de aplicar en su vida lo que ha descubierto, tanto individualmente como junto con su pareja. Además, trate de compartir lo que ha descubierto con otros.

II.   Segundo día.

Cinco razones de porque muchos de los programas de ayuda matrimonial fracasan.

Continuemos con la segunda lección. ¿Hizo la tarea? ¿Estuvo monitoreando sus pensamientos? ¿En qué se concentro la mayor parte del tiempo? ¿Se concentro en lo que quiere o en lo que no quiere? ¿Qué pensó de su pareja? ¿Qué pensó de su relación? ¿Qué pensó de su matrimonio?

¿Hizo el ejercicio frente al espejo? Posiblemente al principio no crea en lo que se dices frente al espejo, pero continúe haciéndolo y lo creerá, y no nada más eso, lo vivirá, cambiará su vida, será lo que usted se diga frente al espejo.

Si no hizo la tarea, le recomiendo que no pierda tiempo con la lectura de este libro y tírelo a la basura, porque a usted no te servirá para salvar su matrimonio. Como lo dije en el prologo, éste es una "Manual y Cuaderno de Trabajo" y para lograr su objetivo se requiere la voluntad y participación suya.

En la Biblia dice: *Mateo 6:26 Las aves del cielo no siembran, ni cosechan, ni guardan en graneros y sin embargo el Padre del Cielo las alimenta.*

¿No valen usted mucho más que las aves?

Pero las aves salen a buscar a recoger su alimento, no se quedan dentro del nido esperando que del cielo les caiga la comida. Así mismo usted tienes que hacer algo para salvar su matrimonio, no espere que por arte de magia se le resuelvan todas las dificultades. Cuando menos, salga como los pájaros, a buscar a recoger ese alimento que requiere para salvar o recuperar matrimonio su hogar.

Salve su Matrimonio en 6 Días   por: Jesús Alejandro Mena Gauna

El Método Menista esta basado en una ecuación muy sencilla, que es: Información + Afirmación + Acción = Milagro. Ese milagro, ese resultado, es salvar su matrimonio.

Ahora bien, si no hizo la tarea, ¿Quiere en realidad salvar su matrimonio? si su respuesta es afirmativa, pues suspenda la lectura de este libro y haga la tarea, mañana continuara, porque es necesario que usted participes para recuperar el cariño de su pareja. No importa que tarde un día más. No afecta en lo absoluto. Lo importante es que siga al pie de la letra éste método. Es necesario que cambie sus pensamientos, su conducta, sus acciones, su modo de vida.

Sigamos…

Si ya hizo la tarea, entonces tiene ya la lista de los pensamientos, en que acostumbra concentrarte respecto a su cónyuge, su relación, su matrimonio, su hogar, y son cosas que no le gustan. Es hora de que reconozca que esa manera de pensar solo le acarreará más de lo mismo. De lo que no quiere. Y si continua sin hacer un cambio en sus pensamientos seguirá viviendo como hasta ahora. Por eso es necesario que cambie su manera de pensar de hoy en adelante respecto a su matrimonio.

Pero no se desaliente. Sin embargo el hecho de que esté consciente de lo que piensa, ya es un primer paso gigantesco. Mucha gente no tiene ni idea de lo que está pensando. Solo reaccionan a sus pensamientos. Observando sus pensamientos dará un paso más cerca al secreto que conlleva el "Meto Menista" que puede cambiar tu vida.

Acciones que debe de tomar:

Volvamos a su lista de pensamientos. Si existe alguno, en que considera que la relación sexual entre su pareja y usted no está funcionando bien, antes de seguir debe estudiar detenidamente el capítulo "Consejos prácticos para la intimidad en el matrimonio" que aparece en éste libro. No le voy a decir en que página esta. Recuerde que éste es un manual y

32   www.salvesumatrimonio.com

cuaderno de trabajo y necesita participar activamente para cambiar su vida y salvar su matrimonio. Es importante que lea el índice de este libro constantemente.

Si en su lista, aparecen pensamientos que conllevan su insatisfacción porque su pareja no le entiende, no le comprende, no piensa igual que usted, no le gusta lo que a usted le gusta, es necesario y urgente que lea el capítulo "Diferencias entre Hombres y Mujeres"

Si realiza una lectura a conciencia, cambiarás su manera de pensar, ya lo verá.

Continuemos…

¿Por qué algunas terapias de auto ayuda no funcionan?

En ésta lección le voy a decir porque la mayoría de las terapias implícitas en los programas de auto ayuda para Salvar Su Matrimonio no funcionan. Me supongo que ésta no es la primera vez que tienes en sus manos un programa de auto ayuda. Inclusive me atrevo a decir que a lo mejor ya ha probado algunos incentivos de auto superación, terapias personales, grupales, de pareja, así como escuchado, discos compactos, leído libros, sistemas, métodos, técnicas, hizo oración solo y no obtuvo ni siquiera la mitad de los resultados que esperaba.

¿Por qué no?

Le voy a decir porque no ha obtenido buenos resultados.

1. **Por temor al cambio, no ha obtenido buenos resultados**

Ponga atención. No importa que tipo de estrategias esté usando, pero en un momento determinado, tendrá que hacer un cambio en sus costumbres, en su forma de vida, ya sea un cambio grande o pequeño, pero tendrá que hacerlo y el problema radica en que no querrá salirse de tu "Zona de Comodidad"

A nuestro subconsciente, nuestra "Zona Condicionada" no le gustan los cambios. En realidad esta diseñado para resistirse a los cambios y mantenernos en el lugar que estamos. Es por eso que es el primer mecanismo de sobrevivencia que tenemos. Su primera función es sobrevivir y cualquier cambio lo ve como una amenaza. A menos que nosotros podamos sobreponernos a nuestro mecanismo de sobrevivencia, todos los programas y terapias que probemos nos fallarán.

2. **Porque quieres ver resultados inmediatos, no ha obtenido buenos resultados**

Los medios de comunicación han predispuesto a la gente de que los resultados se obtienen en el instante. Por consecuencia esperan ver resultados inmediatamente; hoy, en la primera sesión, en el primer día, en el primer capítulo, en la primera semana. Se les dan técnicas oración, de meditación y auto superación y practican una al instante, pero si no encuentran resultados inmediatos se desalientan y las abandonan.

Los resultados inmediatos son posibles algunas veces, pero algunas otras veces debemos alinear nuestras energías con nuestros deseos, y si no alineamos nuestras energías propiamente, no lograremos alcanzar nuestras metas.

La necesidad urgente de resultados instantáneos, hace que mucha gente no tenga tiempo de alinear sus energías, tomándoles esto más tiempo para alcanzar sus metas.

3. **Nos rendimos muy pronto.**

No ha obtenido buenos resultados porque mucha gente se rinde muy pronto. Debido que requieren urgentemente resultados positivos. Sin embargo una de las razones por las que nos rendimos, es porque encontramos pequeños contratiempos y los tomamos como pruebas de que no podremos alcanzar nuestras metas o deseos.

Cuando esto sucede no nos culpamos a nosotros mismos, le echamos la culpa a los programas de auto superación, ya sean libros, audios, seminarios, consultas personales, y los abandonamos.

Para que funcione cualquier programa de auto superación, es necesario que no se desanime y lo abandone, no obstante que le parezca que el programa no esta funcionando.

4. **Solo esta "TRATANDO", en vez de estar "IIACIÉNDOLO", por eso no ha obtenido buenos resultados.**

La mayoría de la gente "TRATA" de conseguir lo que quiere. El problema es que siempre trata y así se esta auto predestinando para fracasar. En realidad usted no debe tratar de hacer algo. O lo hace o no lo hace. Todo mundo trata y la mayoría falla. Usted no obtendrá el éxito si solo trata. Usted obtendrá resultados cuando deje de tratar y comience a hacerlo.

Cuando una persona "trata" un nuevo programa de auto superación, esta predestinado al fracaso. El 99% de las personas no tienen éxito porque no inician el proceso de transformación, en vez de estar tratando. Pero para algunas personas iniciar es casi imposible.

Las personas que realizan sus sueños y deseos, son

aquellos que no "tratan", sino que lo hacen. El éxito esta entre "tratar" o "hacer"

5. **Nos enfocamos en "QUE" en vez de "PARAQUE". Por eso no ha obtenido buenos resultados.**

Muchas personas fallan en los programas de auto superación, porque se enfocan en "QUE" tienen que hacer, para conseguir lo que quieren. Si usted no se enfocas en su beneficio u objetivo o mejor dicho en "PARAQUE" quiere lo que quiere, no logrará hacer los cambios necesarios para cambiar su vida y salvar su matrimonio.

Si quiere mejorar en su vida, pero no toma en serio el hacer algo por mejorarla, nunca podrá hacerlo. Si queremos mejorar, cambiar, ser mejores, lograr nuestras metas, recuperar el amor de la pareja, regresar al hogar, tenemos que esforzarnos en hacer cambios reales en nuestra vida.

Le pregunto ¿Qué tan en serio, toma usted ese cambio que quiere realizar en su matrimonio? ¿Está dispuesto hacer cualquier cosa para lograrlo? ¿Está desesperado, enfermo y cansado de siempre vivir de cierta manera? Piénsalo.

Si no tomas en serio hacer cambios ahora mismo para salvar su matrimonio, ni continúe leyendo. Vaya a su refrigerador, abra una cerveza, siéntate en su sillón reclinable, acomódese bien, agarre el control remoto de su televisor, enciéndalo y continúe haciendo lo que siempre ha estado haciendo "NADA" (Por supuesto continuara su matrimonio, como siempre), o de mal en peor.

Pero si usted esta realmente decidido hacer cambios en su vida. Si realmente está listo para atraer lo que desea, y no se va a desanimar hasta obtener sus objetivos, entonces le aseguro que algo maravilloso va a suceder en su matrimonio.

Y le aseguro que será en los próximos días, si pones en práctica lo que aquí le estoy diciendo.

Su tarea para esta segunda lección es:

1. Primero leer detenidamente el capítulo de este libro "Consejos Prácticos para la Intimidad en el Matrimonio".

2. Después de leerlos detenidamente, vamos a regresar a la lista número1, y veremos si hoy pensamos igual que ayer. Es decir, hará de nuevo una lista, de como piensa hoy, referente a lo que pensaba ayer.

Lista número 2

Lo que ahora pienso, de lo que pensé ayer.

1.- _____
2.- _____
3.- _____
4.- _____
5.- _____
6.- _____

3. Afirmaciones: Párese frente a un espejo mirándose a los ojos y repita seis veces cada una de las siguientes frases.

1. Mi pareja es parte de mi
2. Salvaré mi matrimonio
3. Olvidaré el pasado
4. El futuro será maravilloso
5. Seré feliz con mi pareja
6. Todo depende de mí

4.- Leer en la Biblia, Mateo 6:25-34 y hacer una lista con tres versículos, que considere debe de seguir.

5. Leer el capítulo y "Diferencias entre Hombres y Mujeres".

6. Leer en la Biblia y memorizar *1 Corintios 7:12-13*

PIDALE A DIOS que se conecte con usted. Trate de calmarse y relajarse y, una vez que esté en oración, invite a Dios a que se haga presente. Concéntrese y abra su corazón para ver qué tiene Dios reservado para usted.

LEA lentamente la parte de las Escrituras que ha sido mencionada en esta lección. Tome nota de las palabras y de las frases que le llamen la atención y, si lo considera necesario, léalas varias veces hasta memorizarlas.

REFLEXIONE en lo que le ha llamado la atención. ¿Cómo se relaciona con este momento de su vida? ¿De qué manera Dios le está hablando a través de dichas palabras? Tómese el tiempo necesario para que dichas palabras se incorporen a su vida y dele las gracias a Dios por interactuar con usted.

RESPONDA a las Escrituras. Háblele directamente a Dios acerca de lo que guarda en su mente y en su corazón. Busque la forma de aplicar en su vida lo que ha descubierto, tanto individualmente como junto con su pareja. Además, trate de compartir lo que ha descubierto con otros.

III.   Tercer día.

Como mejorar ampliamente los resultados de cualquier programa de auto-ayuda para salvar su matrimonio.

¿Hizo la tarea? Si realmente la hizo, estoy seguro que cambió drásticamente su manera de pensar. Ahora como que empiezas a comprender a su pareja, empieza a darse cuenta que se equivocó muchas de las veces, o que simplemente no debió actuar de la forma en que lo hizo. Y ha decidido cambiar en ciertas cosas. Ha decidido superarse, mejorar su forma de ser, y esa auto-superación será la clave para mejorar la relación con su pareja y salvar su matrimonio.

Es necesario que apliques cada día en su vida lo que aquí esta aprendiendo, estoy seguro que al terminar éste curso de seis días, lograra el cambio en su mente que necesita para salvar su matrimonio.

Hoy vamos a ver como podemos mejorar dramáticamente los resultados de cualquier programa de auto-superación personal. No importa que programas, terapias, libros, estrategias o material use.

Para poder tener resultados positivos en cualquier programa de superación personal, debe de hacer lo siguiente:

1. Defina que es lo que quiere

No lo diga en una forma general como, "Quiero salvar mi matrimonio", es necesario que defina con exactitud que quiere; por ejemplo: 1. Quiero poder conversar tranquilamente con mi pareja. 2. Quiero que me escuche. 3. Quiero sentir que mi pareja disfruta de nuestra relación sexual. 4. Quiero que sepa que la o lo amo. 5. Quiero que sepa que primero es él o ella antes que mi trabajo. 6. Quiero que sepa que estoy arrepentido(a)   de portarme mal en algunas ocaciones. 7. Quiero que sepa que deseo que vivamos felices por el resto de nuestras vidas, juntos. 8. Quiero que regrese a la casa. 9. Quiero que me permita regresar a la casa. Etc. etc. etc.

¿Ya sabe que es lo que quiere? Pues bien ahora va a escribirlo en un papel. Si usted lo quiere lo va a tener.

Iniciamos con la intención, trabajamos sobre ella y continuamos con el siguiente paso. Siempre hay que pensar positivamente. Nunca hay que pensar negativamente, no diga "Yo no quiero esto" o tal vez "Yo no quiero estar separado". Mejor piense en lo que quiere, por ejemplo "Yo quiero vivir al lado de mi pareja", yo quiero hacer feliz a mi esposa (o).

Una vez hecho lo anterior, quiero que se concentre en una palabra de SIETE LETRAS que le garantizará el éxito en lo que planee. La palabra de siete letras es PARAQUÉ.

Usted debes tener bien definido PARAQUÉ quiere cumplir sus metas o deseos, o para que quiere que se le cumplan ciertos sueños. Siempre, siempre, siempre, debo hacerle hincapié en que primero piense en PARAQUE, que sepas cual es el objetivo que persigue con lo que esta haciendo.

S I E M P R E PIENSE PARAQUÉ

Porque si no, se va a desanimar con el primer obstáculo que encuentre en su camino, y crea que las cosas no están trabajando bien.

Ésta es la razón, porque el 90% de las personas fracasan sobre cualquier intento por mejorar su vida, su matrimonio. No tienen en claro en PARAQUE quieren lo que desean. No están consientes de los beneficios que van a tener. El "PARAQUE" es más importante que el "COMO". En otras palabras, sabiendo PARAQUE quiere algo, le motivará a luchar para lograrlo, no le importaran los tropiezos que se le presenten en el camino y continuará hasta lograrlo.

Por ejemplo un PARQUÉ. Quiero dejar de discutir con mi pareja, para no PERJUDICAR emocionalmente a MIS HIJOS. O para que mis hijos vivan en un hogar completo. O por el bienestar de mis hijos.

2. Comprométase 100% a seguir hasta alcanzar su objetivo.

¡Fíjese bien! No he dicho comprométase **si usted obtiene su objetivo.** Hay una gran diferencia. Yo dije **hasta que obtenga** su objetivo. Grábese en su mente que solo existe una manera de no lograr su objetivo y ésta es desanimarse y dejar de luchar por alcanzarlo, es decir quedarse quieto.

Por ejemplo: Voy a dedicar más tiempo y atención a mi hogar, a mis hijos, a mi esposa. ¿Paraqué? Para que se vuelva a enamorar de mí, como cuando éramos novios. Y lo estaré haciendo hasta que obtenga mi objetivo, no me desanimaré si veo que en los primeros días no hay cambio por parte de mi esposa.

3. No sea incrédulo

No prejuzgues si las oraciones a Dios Padre, la ayuda de sus ángelesel y los programas de auto-superación, ya sean meditación, oraciones, retiros, libros o estrategias funcionarán. Evite pensar que no funcionarán para usted. Dígase a sí mismo, como le ha funcionado a otros, a mí también.

Uno de los obstáculos más comunes que veo en las personas que vienen a consultarme, es pensar que el programa de auto-superación que les recomiendo y que ha funcionado para otros, a ellos no les funcionará, porque su caso es diferente. Nunca he trabajado con uno de mis clientes que no me diga que su caso es diferente. La frase "No, es que lo mío es diferente" la he escuchado cientos de veces.

Confíe en mi, su caso no es diferente. Las circunstancias serán diferentes. Pero en el fondo el problema es el mismo, que tienen muchos matrimonios.

4. No juzgue los resultados tan rápidamente

Frecuentemente la gente que no tiene resultados inmediatos, cuando quieren hacer un cambio en su vida, es porque no están pre-dispuestos a hacer el cambio, no han puesto toda su voluntad para hacerlo. Posiblemente usted seas uno de ellos, le recomiendo que tomes tu tiempo para ir haciendo los ajustes correspondientes.

No valorices sus resultados en horas, días o semanas, etc. Toda mejoría es resultado de un paso que ha dado. Toda pequeña mejoría, tómela como si fuera un block que pone para construir una casa. Piense que quiere construir una casa y continúe poniendo pequeños blocks y así siga con pequeñeces y pronto tendrás la casa que quiere.

Para Salvar su Matrimonio igualmente debemos hacer cambios con pequeños detalles y sin detenernos hasta llegar a obtener lo que queremos.

Por ejemplo: Cuando aprendió a manejar bicicleta. Al principio no podía balancearse y se caía varias veces, pero insistió y poco a poco pudo irse balanceando, al principio apenas unos cuantos centímetros, después unos cuantos metros y hasta que pudo hacerlo. ¿Verdad que al principio fueron pequeñas distancias, pero su insistencia pudo lograrlo? Así es la forma que debemos utilizar para lograr hacer los cambios en nuestra vida y salvar nuestro matrimonio. Paso a paso. Poco a poco. ¡No se desanimes! échale ganas y lo logrará.

5. Calcule el progreso tomando en cuenta desde donde empezo.

Existen dos grupos de personas. El primer grupo, mide su progreso tomando en cuenta el objetivo, el ideal que persiguen. El segundo grupo mide el progreso tomando en cuenta desde donde comenzaron. Medir el progreso tomando en cuenta el ideal que perseguimos, es como viajar tratando de alcanzar el horizonte. Nunca lo alcanzaremos, porque no importa en qué viajemos, el horizonte siempre retrocederá, y nos parecerá que esta a la misma distancia de cuando comenzamos. La gente que lo hace de esta manera, siempre estará frustrada, porque según ellos no ven progreso alguno.

El segundo grupo de personas, es el que mide el progreso tomando en cuenta el lugar de donde iniciaron. Cuando ellos miran hacia atrás, es obvio que ven progreso. Una vez que la gente a entendido éste concepto, dicen: "Por Dios, por eso toda mi vida he vivido frustrado, porque yo media el progreso tomando en cuenta mis ideales y ahora me doy cuenta que en muchas áreas avancé pero no me di cuenta de ello"

Debemos medir nuestro progreso en la relación con nuestra pareja, tomando en cuenta como vivíamos antes, como me trataba antes y como me trata ahora.

Usted siempre vivirás frustrado si sigue midiendo su progreso tomando en cuenta su horizonte (ideales, metas, objetivos).

Por ejemplo, se dice: voy a cambiar para recuperar el cariño de mi esposa(o), y trata de ser más amable, mas considerado, más atento, pero al acostarte se da cuenta de que su pareja no se arrima y usted tiene ganas de que le abrace y algunas cosas más. Y a los cuatro o cinco días se dices, no, de nada sirve que yo haya cambiado, ni siquiera me toca en la noche cuando nos acostamos. Entonces se está enfocando en el horizonte, en el final, en lo que quería desde el principio y como no lo ha logrado se desanimo y vuelve a cambiar a su actitud y comportamiento al anterior. Bueno, pero no se fijó que en esos cuatro o cinco días el o ella, le atendió mejor en otras cosas, le sonrió, ya no le ha reclamado. Simplemente con una sonrisa, ya avanzó. Antes no se sonreía, ahora ya lo hizo. Mida los logros tomando cuenta el comienzo, no el final u objetivo a lograr, porque si no se vas a desanimar y se le hará largo el camino.

6. No se apresure, enfóquese en el siguiente paso.

Siempre concéntrese en lo que tiene que hacer ahora. EN ÉSTE MOMENTO. Olvídese del futuro. Solo enfóquese en lo que debes hacer en éste momento.

Comúnmente cuando no vemos resultados nos viene un impulso por apresurar las cosas, y queremos que las cosas cambien de inmediato. Éste impulso nos lleva a que a la fuerza queramos cambiar las cosas. Y ¿Qué sucede? Que empeoramos la situación y perjudicamos más la relación con nuestra pareja. Con éste "Método Menista" aprenderá que con menos esfuerzos, crea más resultados.

7. Aplicque lo que sabe

Estoy seguro que conoce personas que muchas veces en su vida se la han pasado en terapias de pareja, atendiendo cursos de auto superación, y no han mejorado o tenido algún cambio significativo en su matrimonio. Ellos leen, estudian, acuden a cursos, seminarios y no parecen mejorar y cambiar en nada o muy poco.

¿Por qué es así?

Simplemente porque ellos se han convertido en "Viciosos" de terapias de cursos de auto-superación personal. Y como cualquier vicioso, ellos necesitan ser "curados". Ellos son adictos a platicas, leer cursos de auto-superación personal y tienen la ilusión que entre más vayan, estudien y aprendan, más mejorará su vida. Pero no es así, si tan solo con que se enfoquen en una terapia, en un libro, una estrategia, o un programa, su vida puede dar un cambio considerable.

Pero no lo hacen porque son adictos a recolectar información.

Leen, estudian, escuchan discos compactos, pero no actúan.

Mucha información, no es la solución.

No estoy diciendo que aprender nuevas técnicas y estrategias no sea de provecho. He comprado cientos de libros y estado presente en docenas de seminarios, pero la información no cambia mi vida. Los cambios vienen cuando yo aplico la información obtenida hasta lograr mis objetivos. En otras palabras hasta que hago lo que sé hacer.

Mi intención en estas tres primeras lecciones, es que quede bien claro que no debe fallar. Y si hace lo que sabe que le he descrito en estas lecciones, no fallará. ¿Hasta este momento ha aplicado en su vida lo que aquí ha aprendido? Si ya lo hizo, entonces está listo para seguir con la siguiente lección. Ya esta listo para descubrir el secreto que pude cambiar tu vida y salvar su matrimonio.

Tómese un momento para revisar las tres primeras lecciones. Le tomará solo quince minutos. Yo se que esta muy ocupado. Pero ¿Realmente quiere salvar su matrimonio, cambiar su vida, o solo quiere acaparar más información?

Le recuerdo que no es suficiente saber qué hacer. Sino, hacerlo.

Le recomiendo que antes de seguir leyendo, dé un

repaso a las tres primeras lecciones si realmente quiere cambiar su vida y salvar su matrimonio.

Su tarea para esta tercera lección es:

1. Leer y meditar lo expuesto en el capítulo "Armonía Conyugal, Amor y Sexo".

2. Estudiar detenidamente el tema denominado "Manejo Constructivo de una Situación Conflictiva" y escribir los diez puntos que consideres más importantes para tener una buena relación con su pareja. Como se lo he dicho en tareas anteriores, usted debe de buscar en el índice de éste libro los temas. Recuerde que esto conlleva un objetivo. Práctica-Aprendizaje.

Lista número 3.

Seis cosas que necesito hacer para tener una buena relación con mi pareja. (Tiene que ser relativo a lo que escribió en las dos primeras listas)

1.- _____
2.- _____
3.- _____
4.- _____
5.- _____
6.- _____

3. Afirmaciones: Párese frente a un espejo, mírese a los ojos y repita seis veces lo escrito en la lista anterior.

4. Va a mejorar su "look" su manera de vestir. A partir de hoy tendrá que vestirse de la forma que la haga que se sienta las linda, más hermosa.

5. Recibir a su pareja agradablemente.

6. Hacer oración.

I Corintios 7:10-11   Pero a los que están unidos en matrimonio, mando, no yo, sino el Señor: Que la mujer no se separe del marido; y si se separa, quédese sin casar, o reconcíliese con su marido; y que el marido no abandone a su mujer.

PIDALE A DIOS que se conecte con usted. Trate de calmarse y relajarse y, una vez que esté en oración, invite a Dios a que se haga presente. Concéntrese y abra su corazón para ver qué tiene Dios reservado para usted.

LEA lentamente la parte de las Escrituras que ha sido mencionada. Tome nota de las palabras y de las frases que le llamen la atención y, si lo considera necesario, léalas por segunda vez.

REFLEXIONE en lo que le ha llamado la atención. ¿Cómo se relaciona con este momento de su vida? ¿De qué manera Dios le está hablando a través de dichas palabras? Tómese el tiempo necesario para que dichas palabras se incorporen a su vida y dele las gracias a Dios por interactuar con usted.

RESPONDA a las Escrituras. Háblele directamente a Dios acerca de lo que guarda en su mente y en su corazón. Busque la forma de aplicar en su vida lo que ha descubierto, tanto individualmente como junto con su pareja. Además, trate de compartir lo que ha descubierto con otros.

IV.   *Cuarto día.*

Los pensamientos o más exactamente sus emociones, son las que determinan la relación con tu pareja.

Somos seres magnéticos. Nuestra energía atrae a nuestra vida a otras personas, circunstancias y condiciones.

Cuando analiza que es lo que esta pasando en su vida, como que no esta de acuerdo con lo que le sucede y con su forma de pensar. Se dice: "pienso de una manera y me sucede lo contrario, pienso en positivo y no avanzo. Trato de llevarla bien con mi esposa(o) y vamos de mal en peor". Bien, vamos a ver la razón.

Ni el éxito, ni el fracaso, suceden por accidente. Muchas personas fracasan casi en todo lo que hacen y le echan la culpa a otros, o a las circunstancias, o a Dios, pero no creen que ellos sean los responsables de la manera en que viven.

Y ésta es la pregunta: ¿QUE o QUIEN es responsable porque nosotros no tenemos lo que queremos?. ¿Nuestra pareja? ¿Nuestros Padres? ¿Nuestro pasado? ¿Nuestra educación? ¿Dios? ¿El destino?.

Escucheme bien. Lo que va a determinar como va a vivir con su cónyuge, son sus pensamientos y en seguida sus emociones para ser más exactos.

Veamos como funciona esto:

Si se considera una víctima en su matrimonio; o que lo que le sucede es por culpa de su esposo(a), o son cosa del destino; esta creando esa realidad. Y esta llega a ser su razón, o más acertadamente sú excusa, para decir que esa es la causa del porque otros si pueden tener un hogar feliz y usted no.

Pero mire, el problema es que usted se encuentra en TRANCE y no se ha dado cuenta. Todos vivimos en TRANCE. He aprendido que el trance es una fuerza poderosa. Es real y todos vivimos en esa fuerza.

¿Usted se encuentra en trance en estos momentos?

Cuando nosotros no nos damos cuenta que nos encontramos en cierto trance, continuamos viviendo en esa situación y no queremos salirnos de la misma situación.

Cuando salimos de cierto trance, entramos a otro trance, es decir a cierta forma de vida. Desafortunadamente mucha gente no se da cuenta que todo lo que le pasa, él mismo lo crea por su forma de pensar y actuar. Por eso las estadísticas nos muestran que el 80% de los que se divorcian y se vuelven a casar vuelven a fracasar en su segundo matrimonio. Inclusive su segunda pareja es muy parecida física y mentalmente a su primera esposa. Y vuelven a tener los mismos problemas que tuvieron en su primer matrimonio. Y hay quienes hasta buscan a una tercera pareja y el problema se vuelve a repetir. ¿Por qué? Porque continúan en el mismo trance, en la misma forma de vida, con las mismas actitudes, con los mismos pensamientos. Si quiere recuperar su matrimonio, tiene que salirte de ese trance, tienes que dejar de pensar como lo has estado haciendo hasta ahora.

Yo creo que estará de acuerdo conmigo de que vivimos en un universo gobernado por leyes físicas. Tomemos la gravedad por ejemplo. No tenemos ni idea de cómo trabaja la gravedad. Pero todos los días vemos evidencias de cómo trabaja. Y creamos o no la ley de la gravedad trabaja en todo momento durante nuestra existencia. Y existen muchas leyes más como esa, que actúan todos los días en nuestra vida, creamos o no en ellas, o estemos o no consientes de las mismas.

Quiero enfocarme en una ley en particular, que es tan verdadera como la ley de la gravedad, y que ABSOLUTAMENTE determina la forma en que vive. Esta ley determina si su matrimonio funciona bien, si en su vida tiene dinero, salud,

relaciones positivas, éxito, amores, amistades, y cualquier cosa más. También determina si usted vive una vida llena de preocupaciones, temores y estrés, o una vida agradable y feliz.

Esta ley es llamada LEY DE ATRACCIÓN. Si no comprende como ésta ley afecta en su vida, continuará viviendo una vida caótica y de incertidumbre. Peor todavía más, pasara el resto de su vida actuando de acuerdo a las circunstancias o a las personas que le rodean, irá de un lado a otro, como una paja que arrastra el viento a su antojo. Lo que hace todos los días es el resultado de lo que piensa y cree, por favor, ya no piense mal de su pareja, no crea en lo que le dijeron.

Aunque la mayoría de la gente piense que no es así, lo que nos pasa es la causa de que nos sintamos de cierta manera. Y lo que debemos hacer es buscarle el lado amable a las cosas y sentirnos felices, porque hay muchas situaciones de las que no tenemos control en nuestra vida. Y si aparte de que no tenemos control sobre ciertas situaciones, aparte nos malhumoramos y nos deprimimos, más empeoramos las cosas y seguiremos atrayendo más de lo mismo a nuestra vida, y seguiremos destruyendo la relación con nuestra esposa(o).

La mayoría de la gente vive de ésta manera, en una tranquila desesperación, aceptando la vida como viene, esperanzados en que algún día les mejore su suerte, pero viven aceptando lo peor.

Pero usted no tiene por que ser de esa mayoría conformista con lo malo. Usted podrá caminar a su antojo y hacer lo que quiera una vez que entienda la Ley de Atracción y como trabaja ésta.

A pesar de que esta ley existe desde el comienzo de los tiempos, muchas personas que se consideran "Pensadores Lógicos" la desacreditan, diciendo que no tiene sentido y no esta basada en la ciencia ni en la realidad.

Como sabemos, por muchos siglos la gente pensaba que la tierra era plana. Pero el solo pensar que una cosa es verdadera o falsa, no la hace de esa manera. Sin embargo lo que si es una REALIDAD son los RESULTADOS que obtenemos de nuestra manera de pensar.

Vamos hablar un momento sobre la Ley de Atracción y veamos si podemos ponerla en práctica en nuestro matrimonio. Posiblemente usted ha escuchado decir que "Una sonrisa atrae otra sonrisa". Y eso es absolutamente cierto. Porque todas las cosas en nuestro universo están hechas de energía. Y probado esta que la energía atrae energía.

Todas las cosas en este planeta, en este universo, inclusive nuestros pensamientos, están hechos de energía. Si usted no cree esto, déjame le hago una pregunta. ¿De qué cree que esta hecho? Podría decir de huesos y carne. Bien. La siguiente pregunta lógica sería ¿Y de que están compuestos sus huesos y su carne?, de células. Bien, ¿De qué están constituidas sus células?, de moléculas. Y ¿De qué están formadas las moléculas?. Si continúo preguntándote, siempre iríamos más atrás, hasta llegar a la sustancia básica de lo que estamos constituidos ENERGÍA. No puede negar que estamos formados de energía, pues es algo que científicamente está comprobado.

Hay algo importante que debe saber sobre la energía. Toda la energía tiene propiedades magnéticas. Para hablar en términos más reales, todos nosotros somos como imanes. Como imanes todo el día atraemos cosas hacia nosotros, aunque no estemos consientes de esto.

Este magnetismo vibra en diferentes frecuencias, y esas vibraciones determinan las propiedades de la energía magnética que tenemos. Esencialmente lo que estamos diciendo es que: La manera en que nosotros manejemos nuestra energía, es la llave para hacer los mayores cambios en nuestra vida y atraer hacia nosotros cualquier cosa que queramos.

Posiblemente ha sido fácil para usted entender y

aceptar lo anterior. Si no fuera así, posiblemente es su mente lógica la que tiene problemas en aceptar que esto es una realidad. Inclusive puede estar pensando que esto es solo un montón de ideas metafísicas. ¡Pero no importa!. Solo continúe leyendo, porque en el siguiente punto le voy a revelar cuál es el secreto que puede cambiar su vida. Conocerá COMO y PORQUE éste secreto es la llave para que viva una vida amena como siempre ha soñado en su matrimonio.

Si cree que tienes muchas dudas y necesitas mi apoyo personalmente, le invito a que saques cita conmigo. En mis consultas personales, he ayudado a mucha gente que tiene problemas en su vida y que no logra lo que quiere, todo porque no tiene un consejero de cabecera. Lo espero llámeme a mi para hacer una cita.

La tarea para ésta cuarta lección es:

1. Aprenderse de memoria el "Decálogo del Matrimonio Feliz" (Revisa el índice) no se preocupes, va a ser fácil, es muy pequeño. Mucha gente no quiere esforzarse ni siquiera en leer, menos en aprender. Pero usted va por buen camino, y lo sé, porque ya ha llegado hasta aquí. Adelante, recuerde el "PARAQUÉ" debe de hacer su tarea. (Para salvar su matrimonio, para que sus hijos vivan en un hogar feliz) y ya que hablamos de sus hijos es importantísimo que lea detenidamente el capítulo de "El Divorcio".

2. Llenar la lista siguiente:

Lista número 4.

ivo.
Los seis puntos más importantes de ésta lección.

1.- _____
2.- _____
3.- _____
4.- _____

5.- _____
6.- _____

3. Afirmaciones: Párese frente a un espejo, mírese a los ojos y repita seis veces lo escrito en la lista anterior.

4. Salir con su pareja a un restaurante a tomar un café, o lo que gusten comer. Si están separados llámele y dígale que le perdone si usted lo abandonó.

5.- No confrontar a su pareja por ningún motivo.

6. Leer y meditar el versículo de la Biblia que aparece en: *2 Crónicas 16.9*

V.   *Quinto día.* Frecuencia Vibracional. Energía en vibración, para lograr tus objetivos.

En la Biblia dice: *Pasando Jesús de allí, le siguieron dos ciegos, dando voces y diciendo: ¡Ten misericordia de nosotros, Hijo de David! Y llegado a la casa, vinieron a él los ciegos; y Jesús les dijo: ¿Creéis que puedo hacer esto? Ellos dijeron: Sí, Señor. Entonces les tocó los ojos, diciendo: Conforme a vuestra fe os sea hecho. Y los ojos de ellos fueron abiertos. (S. Mateo 9:27-30)*

Hemos aprendido en la anterior lección que somos seres magnéticos, que estamos constituidos de energía en constante vibración, y nuestra energía atrae a nuestra vida a otras personas, circunstancias y condiciones.

Si lo anterior es cierto (y yo se lo puedo asegurar que sí) entonces ¿Cómo pude utilizar ésta información para llevar una vida feliz con su pareja?

Es muy simple. *Si aprendemos como manejar nuestro magnetismo personal, todo lo que tenemos que hacer es escoger lo que queremos magnetizar para atraerlo hacia nuestras vidas.*

Una vez que aprendamos como hacerlo, ya no estaremos expuestos a que alguien, o alguna cosa, manejen nuestra vida.

Bueno ya no lo voy a tener más en suspenso y le voy a decir cuál es *"El Secreto del Método Menista que puede cambiar su vida para que salve su matrimonio y recuperes a su pareja"*

Para obtener lo que deseamos, todo lo que tenemos que hacer es cambiar nuestra frecuencia vibracional y ponerla acorde con lo queremos atraer a nuestras vidas.

Información + Afirmaciones + Acciones = Milagro

Por favor léelo otra vez.

Recalcando. No es suficiente querer alguna cosa y creer que la podemos obtener. La razón de porque muchas de las veces no tenemos lo que queremos, es porque estamos llenos de energías negativas que han manejado nuestra vida desde hace muchos años.

Estas energías negativas están tan arraigadas en nuestro subconsciente, que ni siquiera tenemos idea de que ahí las llevamos.

Muchas de las veces nosotros tenemos buenas intenciones, tratamos de ser positivos y vivir una buena vida, pero las cosas no nos resultan y casi creemos que nuestra pareja y todas las personas están en contra de nosotros. Y hasta nos sentimos como si estuviéramos luchando solos para salvar nuestro matrimonio y que nuestro esposo(a) no hace nada y por el contrario se pone en nuestra contra. Nos sentimos como si estuviéramos sobreviviendo, hay nos la vamos pasando en vez de vivir una vida amena al lado de nuestra familia. ¿Conoces a alguien que piense así?

Es muy importante que entienda que si nosotros somos imanes, que atraemos todo aquello en que nos enfocamos, la única manera de vivir la vida que deseamos, es desechar aquellos pensamientos que están trabajando en nuestra contra y no a nuestro favor.

Antes de continuar, haga una lista con un máximo de diez cosas que no le gustan de su pareja (estos son los pensamientos negativos de que estoy hablando). Todas esas cosas que a cada rato esta pensando de ella o él. Y observe que aunque a veces ha tratado de cambiar con su pareja, siente que no le apoya y vuelven a surgir los mismos problemas y le echa la culpa.

Continuemos.

¿Por qué es tan importante esto?

Porque los pensamientos son los que determinan lo que sí y lo que no podemos atraer. Son nuestros pensamientos negativos los que detienen nuestros puntos magnéticos de atracción, y llevan por camino equivocado a nuestra energía vibracional.

Una vez que entienda el secreto del Método Menista que puede cambiar su vida, es fácil descubrir porque sus pensamientos positivos no funcionan y su matrimonio se está derrumbando.

Puede ser lo positivo que quiera, pero si su inconsciente o subconsciente punto magnético de atracción va en una dirección opuesta, seguirá atrayendo hacia usted más de lo que no quiere, aún siendo una buena persona con su esposo(a) y aunque diga voy a pensar positivamente.

En mi consulta es muy común escuchar de mis clientes, "Si yo soy muy bueno(a) no se por qué me pasa esto"

Esto contesta la pregunta del porqué a la gente buena le suceden cosas malas. Fíjese bien. Puedes ser una "buena" persona con su pareja pero si su energía vibracional a un nivel de inconsciente o subconsciente va en una dirección equivocada, experimentara las cosas malas que usted no quieres.

Es importante entender que no son solamente nuestros pensamientos los que crean nuestras circunstancias, sino las emociones que van adheridas a nuestros pensamientos. *El universo responde a los sentimientos y emociones adheridos a nuestros pensamientos, no solo a nuestros pensamientos.* Estos sentimientos y emociones son los que activan nuestras energías y producen las cosas que nos pasan en nuestra vida.

Por lo tanto debemos de estar consientes del tipo de energía que estamos liberando a lo que queremos y no a lo que no queremos.

Veamos un ejemplo práctico. Vamos a enfocarnos en un objetivo que a la mayoría nos interesa, el dinero. Estoy seguro que no importa cuánto dinero tenga, pero le gustaría tener más, ¿verdad? Pero vamos a ver, como están sus vibraciones o sus energías sobre el dinero.

Quizás esté diciendo "Yo quiero más dinero" y Eso está bien. Pero en sú inconsciente o subconsciente tiene un poderoso sistema de energía que le está diciendo:

"Me gustaría ser rico, pero no hay manera de que lo llegue a ser algún día".

"Me gustaría ser rico, pero apenas tengo para pagar los recibos de servicios de mi casa".

"Me gustaría ser rico, pero no merezco tener más dinero que mi familia".

"La única manera de hacerme rico, es ganándome la lotería".

Si su subconsciente está lleno de éstos pensamientos ¿Qué cree que va a suceder? El resultado es muy simple. Usted estás diciendo "Yo quiero ser rico", pero al mismo tiempo envía energías que están totalmente en oposición a sus deseos. El resultado final, es que no vas a tener lo que quiere.

En el ejemplo anterior, en vez de utilizar la palabra dinero, podemos poner "mi pareja", o Lupita o Juan o Pepe. Diciendo yo quiero que sea más atento. Pero nosotros mismos en nuestro subconsciente, nos estamos diciendo, nombre que va a cambiar, si así fue su papá, nombre que va a cambiar si es un borracho de primera, nombre si nomás le gusta estar viendo el futbol, etc. etc. Nosotros mismos estamos bloqueando los resultados positivos.

El problema es que estos pensamientos opositores, que son un individual sistema de energía, necesitan ser modificados, de tal manera que sú consiente este alineado con su subconsciente. Porque una vez que ambos sean alineados y vallan en la misma dirección, literalmente no habrá "limite" en lo que quiera ser o pueda tener.

Y aquí le tengo una buena noticia más. Usted no tienes que "trabajar duro" o esforzarse para conseguir lo que quiere. Esta es otra realidad del sistema de creencia. SI USTED LO CREES, LO PODRÁ VIVIR. Solo créealo que puedes.

Recuerdo aquel pasaje de la Biblia en *Marcos 10, 46-52* que dice:

Al salir Jesús de Jericó, un ciego que estaba a la orilla del camino se enteró que era Jesús de Nazaret el que pasaba, y comenzó a gritar. "Jesús hijo de David ten compasión de mí". Jesús se acercó al invidente y le dijo, "¿Qué quieres que haga por ti?". Qué me cures le contestó, que pueda ver. Jesús le pregunta, tú CREES que puedo hacerlo, SI YO CREO que tu puedes curarme porque tú eres el hijo de Dios, el enviado. Entonces Jesús le dijo, "Hágase según tu voluntad, tu fe te ha sanado" y en ese momento se abrieron sus ojos y pudo ver.

Lo que quiero que entienda claramente es que por cualquier dificultad que esté pasando ahora, cambiará tan rápido como cambie su pensamiento negativo o el sistema de energía de oposición que son los que le atraen esa dificultad. Piense positivamente y tenga fe en que así será la relación con su pareja y se harán realidades sus pensamientos.

Repitamos otra vez *"El Secreto del Método Menista que puede cambiar su vida y salvar su matrimonio".*

Para obtener lo que deseamos, todo lo que tenemos que hacer es cambiar nuestra frecuencia vibracional y ponerla acorde con lo que queremos atraer a nuestra vida. Información + Afirmaciones + Acciones = Milagro

Este secreto es muy simple y recuerde que es la llave para atraer todo lo queramos a nuestra vida. Le recomiendo que vuelva a leer ésta lección y la medite, verá los excelentes resultados que obtendrás.

La Tarea para ésta quinta lección es:

1. Leer detenidamente el artículo "Perdono pero no olvido" que aparece en este libro.

2. Para mejorar la relación con su cónyuge, elabora una lista con seis acciones que pondrá en práctica a partir de hoy. Se enfocará en una cada día. Es un compromiso que se propone cumplir en seis días.

Por ejemplo: El primer día la invitará a tomar un café; El segundo, se propondrá halagarla por algo, como que rica te salió la comida, etc.; El tercer día le hará un halago de su persona, como que bonita te ves con ese vestido; El cuarto día, ira por ella a su trabajo, etc. etc. Debe ser de acuerdo a sus costumbres y circunstancias. Al decir costumbres me refiero al lugar o zona en donde viven, no a la costumbre que tenía de no ponerle atención o de tratarla mal. Piense que le gustaría a él o ella y que su objetivo sea complacerla(o).

Lista número 5.

Acciones de halago que tomaré en los próximos seis días.

1.- _____
2.- _____
3.- _____
4.- _____
5.- _____
6.- _____

3. Afirmaciones: Párese frente a un espejo, mírese a los ojos y repite seis veces lo escrito en la lista anterior.

4. Leer en la Biblia *S.Mateo 9*

5. Salir a pasear.

6. Recibir a su pareja amablemente.

VI.   Sexto día.

Ahora ya sabe cómo Salvar su Matrimonio. Todo depende de usted, no de su pareja.

Recuerde lo que dice la Biblia en Santiago 1:5-8

Y si a alguno de ustedes le falta sabiduría, que se la pida a Dios, quien da a todos abundantemente y sin reproche, y le será dada. Pero que pida con fe, sin dudar. Porque el que duda es semejante a la ola del mar, impulsada por el viento y echada de una parte a otra. No piense, pues, ese hombre, que recibirá cosa alguna del Señor, siendo hombre de doble ánimo (que duda), inestable en todos sus caminos.

Si usted ha leído hasta aquí, felicidades por su perseverancia. Esto demuestra que efectivamente quiere salvar su matrimonio y mejorar su vida actual. Además desea tener ese modo de vida que siempre ha deseado al lado de su pareja y su hogar.

Ahora lleno de entusiasmo tiene una mejor idea de cómo las cosas trabajan. En otras palabras, como conseguir lo que quiere y como obtener lo que desea, si usa el Secreto del Método Menista que pude cambiar su vida.

Todo lo que tiene que hacer para empezar a mejorar su matrimonio, es concentrarse en las cosas que quiere, en vez de concentrarse en aquello que no le gusta, que no desea. Es tan simple como eso. He repetido esto una y otra vez, pero ahora sabe PORQUE es tan importante que lo entienda.

Aquí hay algo más, que es importante que debe saber. Cada uno de nosotros somos expertos en aquello que nos gusta, que nos apasiona, en que nos enfocamos. Esa es una cualidad que existe en nuestro cerebro desde que nacimos. Pero el problema es que el mecanismo de manifestaciones de mucha gente, está corriendo en "automático" por "Default".

En lo que se enfoques actualmente, ha sido influenciado por su manera de pensar, y por cualquier cosa que haya aprendido de sus padres, de sus maestros, de su cultura, religión y educación.

La razón por la que mucha gente se la pasa pensando en lo que no quiere, es por que influyen en él, las malas experiencias que ha tenido en el pasado. Por ejemplo, si ha tenido una experiencia emocional negativa, por ejemplo: Que su padre era un golpeador; que sus padres se divorciaron; si anteriormente fue abandonado por su pareja o por sus padres; si le fue mal en su última relación; etc. eso le indica que hay un peligro y tiene que estar al pendiente. No quiere volver a vivir una mala experiencia otra vez. Por eso está siempre a la defensiva para no volver a vivirla otra vez esa experiencia.

El problema es que el cerebro no sabe distinguir, si está pensando en algo que no quiere o en algo que quiere. Por eso es importante que estemos atentos en enfocarnos solo en aquello que queremos.

El meollo del asunto es que la gente es experta en aquello que le gusta. Pero el problema es que INCONCIENTEMENTE nos concentramos en aquello que no queremos.

Otro punto importante. Es imposible CONSIENTEMENTE crear en nuestra vida resultados negativos. Porque nadie queremos cosas malas para nosotros. Todas las cosas negativas que nos pasan son porque las hacemos INCONSIENTEMENTE y las seguiremos haciendo por el resto de nuestra vida mientras no pongamos atención en lo que pensamos. En otras palabras, si seguimos caminando en la vida "en automático" por "default" seguiremos pensando en lo que no queremos y obteniendo lo que no queremos. Porque es imposible buscar para nosotros cosas negativas CONSIENTEMENTE.

La buena noticia es que cuando CONSIENTEMENTE estamos al pendiente de lo que pensamos y vemos que nuestras energías las estamos gastando en pensamientos negativos, entonces los podemos desechar. Y canalizamos nuestras energías en pensamientos positivos es decir en lo que queremos, para no cometer los mismos errores del pasado y sentirnos mal como ya nos sucedió una vez.

La persona que actúa conscientemente, en cada momento de su vida está al pendiente de lo que hace y por eso sabe exactamente qué hacer con la situación que se le presente, no actúa por "default" en "automático" o por "instinto".

Solo basta con ver los resultados que estamos obteniendo en nuestra vida diaria en nuestro matrimonio, para saber cómo hemos estado pensando. Si obtenemos resultados positivos es que nos hemos enfocado en pensamientos positivos. Si son negativos, hemos estado dedicados a pensar cosas negativas.

Por ejemplo: Si dice, "Nunca podré ser feliz con mi marido". Bien. Después de ver lo que ha aprendido, ¿Qué cree que suceda? Correcto. Va a atraer más de ese pensamiento negativo "seguirán las cosas empeorando" porque es en lo que se está enfocando y su vibración de energía va en sentido negativo.

Recuerda "El Secreto del Método Menista, que puede cambiar su matrimonio". Si queremos obtener lo que deseamos, todo lo que tenemos que hacer es cambiar nuestra "Frecuencia Vibracional de Energía" para ponerla de acuerdo con lo que queremos.

Regresemos al ejemplo anterior. **En el momento en que tenga un pensamiento que se oponga a lo que desea, diga, "Mi energía vibracional no es conforme a lo que quiero. Mi** energía esta fluyendo en dirección errónea". Después diga en voz alta seis veces lo que realmente quieres.

En el ejemplo, lo que realmente quieres, es ser feliz con su pareja. En vez de enfocarse en que "No podrá ser feliz," enfóquese en la manera de ser feliz a su lado. Y diga: En este sentido voy a usar mi energía vibracional. Ahora le voy a pedir a mi subconsciente que conscientemente me permita estar al pendiente de las oportunidades que se me presenten para ser feliz con mi pareja. Y estoy seguro que esto va a suceder tan rápido como yo lo acepte. Por eso lo acepto ya.

¿Ve la diferencia?

En vez de ir por la vida enviando energía negativa vibracional al subconsciente que le atrae lo que no quiere, conscientemente lance energía vibracional enfocada en lo que quiere. Por eso conscientemente instruya a su subconsciente para que transmita energía que se enfoque en lo que quiere.

Y desde que sabemos que la Ley de Atracción trabaja con matemática exactitud, utilizándola podrá atraer todas esas cosas que siempre ha querido para su matrimonio.

Y lo mejor de todo es que pueda empezar en este momento. Para atraer hacia usted todas las cosas que quiera, lo único que tiene que hacer es utilizar "El Secreto del Método Menista, que puede cambiar su vida y salvar su matrimonio"

Si entiende la Ley de Atracción, estoy seguro que se ha dado cuenta que ha atraído hacia usted este libro, el cual le ayudará a diseñar un mejor modo de vida.

Al decir que diseñe un nuevo modo de vida, no estoy hablando de hacer las cosas un poco mejor. Lo que estoy diciendo es que se dedique a vivir una vida más excitante en compañía de su pareja.

Si su mente lógica, rechaza esto que ha leído, o piensa que esto es algo metafísico sin sentido, le reto a que lo ponga a prueba. Y puede hacerlo ya.

Recuerde, que todo lo atraemos de acuerdo a la frecuencia de nuestro propio sistema de energía personal. Es un sistema perfecto que SIEMPRE trabaja y no puede fallar. Debemos utilizar este sistema para obtener todo aquello que anhelamos.

Ahora tiene en sus manos una poderosa herramienta, que le permitirá obtener todo aquello que desea. Le ayudará a remover los obstáculos que siempre han estado en su camino y que le han impedido realizar sus sueños y deseos.

Yo se que usted tiene sueños y deseos, y también que pueden convertirse en realidad. Se ha preguntado alguna vez, porqué tienes sueño y deseos. ¿Acaso los tienes para auto torturarse? ¡NO!... En lo más alto de su ser, se han instalado esos sueños y deseos, para que tomes acción.

Pero le aseguro que si no vive esos sueños y deseos, y no toma acción, su matrimonio mañana será igual, la próxima semana, el próximo año, será lo mismo, o empeorará si no está decidido a actuar ya.

Tarea:

1. Es el momento de atraer pensamientos que sirvan para que salve su matrimonio y recupere el cariño de su pareja. Lea detenidamente el capítulo "Consejos para Salvar su Matrimonio" en este libro.

El día que sienta que ya recuperó a su pareja y salvó su hogar, invíteme a tomar un café con ustedes, me daría mucho gusto ver sus caras de felicidad que éste método logró obtener con su ayuda. Mi teléfono y correo electrónico lo encuentras en www.SalveSuMatrimonio.com

2. Registre sencillamente seis formas para salvar el matrimonio, mencionadas en el capítulo "Consejos para Salvar su Matrimonio". Recuerde que está leyendo porque quiere salvar su matrimonio y no solo por curiosidad.

Lista número 6.

1.- _____
2.- _____
3.- _____
4.- _____
5.- _____
6.- _____

3. Afirmaciones: Párese frente a un espejo, mírese a los ojos y repita seis vez lo escrito en la lista anterior. Esto lo harás por treinta días consecutivos. No importa que ya esté bien con su pareja. Hágalo.

4. Grave en su mente el versículo de la *Proverbios 15:1*

5. Vístase de la mejor manera posible

6. Propóngase no enojarse por nada, ni decir algo que pueda molestar a su pareja. recuerde que la suave respuesta aparta el furor, pero la palabra hiriente hace subir la ira.

Capítulo 2

ARMONIA CONYUGAL AMOR Y SEXO

"Dice en la Biblia: El marido cumpla con la mujer el deber conyugal, y asimismo la mujer con el marido. La mujer no tiene potestad sobre su propio cuerpo, sino el marido; ni tampoco tiene el marido potestad sobre su propio cuerpo, sino la mujer. No os neguéis el uno al otro (1 Corintios 7:3-5"

En el matrimonio lo más importante no es el sexo, sino el amor. Y no es lo mismo. Siempre que hablo de la felicidad, digo que la máxima felicidad en el mundo está en el amor. Hay gente que confunde el amor con la lujuria, influenciados por la televisión y por el cine, donde parece que el amor es lo mismo que la lujuria. Sin embargo, son cosas diferentes.

Es verdad que en el amor entre un hombre y una mujer se incluye el sexo. Pero puede darse sexo sin amor. Por ejemplo las prostitutas. Nadie ama a una prostituta. Por eso ellas se sienten tan desgraciadas, porque nadie las ama. Ellas desearían el amor de un hombre y de unos hijos, como toda mujer normal. Con el sexo sólo, nadie es feliz. En cambio con el amor, sí. Por eso es tan importante distinguir entre amor y lujuria.

I. ¿Cómo podemos definir el amor?

Aristóteles define el amor como «la capacidad de sacrificio en bien de la persona amada».

- Si solo te extasías ante su belleza, eso no es amor, es admiración.

- Si solo sientes palpitar tu corazón en su presencia, eso no es amor, es sensibilidad.

- Si solo ansías una caricia, un beso, un abrazo, poseer de alguna manera su cuerpo, eso no es amor, es sensualidad.

- Pero si además de lo anterior le deseas el bien, aun a costa de tu sacrificio, enhorabuena, has encontrado el verdadero amor.

Ése es el verdadero amor, sentirse feliz sacrificándose en bien de la persona amada. Pero no instrumentalizar a otra persona para satisfacer los propios apetitos. Eso es egoísmo.

II. ¿Cuál es el símbolo del amor?

La madre. ¿Por qué la madre es el símbolo del amor? Porque la madre se sacrifica en bien de su hijo. Si su hijo está enfermo, se pasa la noche sin dormir al lado de su cama. Y si tiene poca comida en casa, se la da a su hijo y ella se queda sin comer. ¿Qué diríamos de una madre que tiene poca comida en casa y se la come ella y acuesta a sus hijos sin cenar? Eso no es una madre. Eso es un monstruo. No concebimos una madre que prefiera comer ella a que coman sus hijos. Toda madre que ama a sus hijos se sacrifica en bien de sus hijos. Por eso la madre es el símbolo del amor.

Por eso es muy importante tener ideas claras de lo que es amor. Porque la felicidad del matrimonio está en el amor. Sin embargo, hay personas que piensan que la felicidad del matrimonio está en el dinero. Piensan que para ser felices tienen que tener dinero. Esto es otra equivocación.

Evidentemente que un poco de dinero hace falta. Si están viviendo debajo de un puente, así tampoco. Un poco de dinero hace falta. Pero decir que el dinero es un elemento indispensable para la felicidad es una equivocación, el dinero no es necesario para la felicidad. Hay gente que tiene mucho dinero y son unos desgraciados, unos miserables, porque su pareja, su compañero(a) de muchos años, ya partió a mejor vida y de nada le sirve el dinero, con él no compran la felicidad que le daba su cónyuge.

Por eso les digo que lo importante en el matrimonio es amarse. Con amor, todo es maravilloso. Pero sin amor, el matrimonio es un infierno. Y en el matrimonio hay muchas ocasiones en las cuales poder vivir un auténtico amor. De vivir el uno para el otro. De pensar en el otro. Porque cuando cada uno va a lo suyo, el choque de egoísmos hace saltar la chispa de la discordia. Hace falta que cada uno piense en el otro. Querer hacer feliz al otro. Así se encuentran los dos en una mutua felicidad.

Voy a poner un caso concreto, sencillo, elemental. Pero de estos casos sencillos está hecha la vida.

Llega el marido a casa cansado de trabajar. Se sienta en un sillón y se pone a ver la televisión. Viene su mujer y le empieza a reclamar el porque se pone a ver la televisión en vez de atenderla. Él no le hace caso y ella se echa a llorar. Ya tenemos una tragedia. ¿Qué ha pasado? Los dos tienen razón y los dos tienen culpa. Porque el marido tiene derecho a descansar, y la mujer también tiene derecho a desahogarse. Ella necesita hablar. Tiene que contar las cosas que le han pasado. Son pequeñeces, son pamplinas, son insignificancias; pero para ella tienen mucha importancia y tiene que contárselas a alguien. Y, ¿a quién mejor que a su marido?

Ella necesita hablar y su marido debe escucharla. Pero ella ha sido inoportuna, porque se pone a contarle sus cosas al marido cuando él está viendo las noticias por la televisión y le fastidia que su mujer le interrumpa y se pierda las noticias. La mujer fue inoportuna, pues aunque tenía derecho a desahogarse debió esperar los anuncios. Buscar un momento en que su marido no esté interesado en lo que está viendo. Hay que ser oportuna. No interrumpir. Los dos tienen razón. Pero los dos tienen culpa, porque cada uno ha pensado más en sí mismo que en el otro. Si cada uno hubiera pensado más en el otro que en sí mismo, la cosa hubiera ido mejor.

III. Hay que remar en la misma dirección.

Hace más de 2000 años Jesús dijo: *¿No habéis leído que el que los hizo al principio, varón y hembra los hizo, y dijo: Por esto el hombre dejará padre y madre, y se unirá a su mujer, y los dos serán una sola carne? Así que no son ya más dos, sino una sola carne; por tanto, lo que Dios juntó, no lo separe el hombre.* S. Mateo 9:4-6

Muchos matrimonios fracasan porque los casados siguen viviendo su individualidad, y en el matrimonio hay que vivirlo todo "con y para" el otro. Para que un matrimonio vaya bien hace falta la colaboración de los dos. Pero para hundirlo, basta con uno. El matrimonio no es un contrato de servicios sino "una comunidad de vida y amor"

La mayor parte de los conflictos en el matrimonio son causados por falta de mutua adaptación. Para que el matrimonio progrese los dos deben **remar en la misma dirección**. Si cada uno rema en sentido contrario, la barca girará sobre sí misma. Quien no esté dispuesto a adaptarse al otro, más vale que no se case. Sin el esfuerzo de mutua adaptación, el matrimonio no hay quien lo aguante.

El continuo choque de opiniones, gustos, deseos, planes, etc., convierte el matrimonio en un infierno. No es posible coincidir siempre en todo. Pero si quieres a una persona, de buena gana aceptarás lo que ella prefiere. Cuando los dos quieren dominar, el choque es inevitable. Cuando los dos procuran adaptarse, la armonía es maravillosa. *No basta que los cuerpos estén juntos, si las almas están separadas.*

Una cosa que a veces falta en los maridos es *agradecimiento a su mujer*. Debe ser agradecido a los desvelos de su mujer por atenderle a él, la casa y a los hijos. Hay maridos que nunca agradecen a su mujer lo que ella hace. Sólo abren la boca para protestar.

Si un día la comida está sosa, el marido protesta. Pero los otros cien días que la comida estaba buena, no dijo nada. Es muy triste, y además *peligroso, que la mujer, con frecuencia, recibe más elogios de otros hombres que de su marido.*

La mujer tiene que sentirse valorada y querida por su marido. La mujer no puede considerarse la criada de la casa. A mí me parece de muy mal gusto cuando oigo decir a algunas mujeres que ellas son las criadas de su familia. De ninguna manera. La criada hace las cosas por dinero y la esposa las hace por amor. Es totalmente distinto.

El amor vale más que el dinero. Si la esposa se considera criada, es que no ama. Y el marido debe reconocer el amor que ella pone en todo y agradecerle sus desvelos por tenerle contento a él y el hogar acogedor. Y la mujer debe reconocer que si el hombre no le da demasiadas atenciones, no es que él no la quiera. ¡Claro que la quiere! Pero la quiere a su modo. Le demuestra su amor trabajando arduamente para llevar a casa un dinerito. Se desvive trabajando para sacar la familia adelante. Así manifiesta él su cariño. Pero recordemos también que a la mujer le gusta oírle a él decir que está contento, que las cosas están bien, que todo está a su gusto. Los hombres que sólo hablan para protestar son injustos.

Además, el hombre debe tener detalles con su mujer. La mujer es detallista. A veces disfruta enormemente con cosas pequeñas. No es el valor de la cosa, es el detalle. A veces la mujer es tan detallista que se pasa de la raya. Quiere tener la casa tan acogedora que resulta cargante.

Por ejemplo: está bien que el hombre sea educado y ponga la ceniza del cigarrillo en el cenicero y no la tire al suelo. Y que si llega de la calle un día de lluvia con los zapatos sucios de lodo, los limpie en el tapete de la puerta. Es lógico que el marido sea así. Pero hay que tener cuidado de que la mujer, en su afán de tener la casa limpia, no resulte atosigante.

En una ocasión, oí de una mujer que tenía esclavizado

a su marido en su afán por tener la casa limpia. El marido tenía que entrar en la casa descalzo, con los zapatos en la mano, para no ensuciar el suelo. Está bien tener la casa limpia. Pero la casa es para la familia y no la familia para la casa. Está bien la limpieza, pero sin atosigar a los demás.

También *hay mujeres que no valoran a sus maridos.* Conozco un caso de un ingeniero de gran categoría, con un gran despacho en la fábrica, y en su casa su mujer lo trata como a un pelele. Y yo le decía: Oiga, ¿Sabe usted la categoría de su marido? ¿Sabe usted la autoridad y el prestigio que tiene su marido en la empresa? ¡Y usted en casa lo tratas con la punta de pie!

Al hombre le gusta que su mujer lo valore y lo estime. Hay otras que tienen *celos del trabajo de su marido.* La mujer se enfada si el marido al volver del trabajo se encierra en su despacho a estudiar un proyecto, porque es ingeniero. O si llega tarde a casa, porque es médico y se le han complicado las cosas en el quirófano. O si después de llegar de la jornada se va por ahí a hacer chambitas para completar su sueldo, porque es obrero. Y ella quisiera tenerlo todo el día a su lado haciéndole monerías. Hay mujeres acaparadoras. No quieren que su marido se mueva de su lado. Eso no puede ser.

Ahora bien, hay hombres tan entusiasmados con su profesión que se olvidan que tienen mujer. Muchos adulterios femeninos tienen ahí su causa. La mujer abandonada por su marido va a buscar en otro hombre lo que no le da su marido. El adulterio nunca es justificable. Porque nunca se puede traicionar la fidelidad hasta la muerte que se prometió el día de la boda. Hay que ser responsables de la palabra dada. El adulterio incluye un pecado de injusticia. Por eso es muy frecuente que los adulterios terminen en tragedias.

Es de advertir que el adulterio del hombre no tiene atenuantes. Hay hombres que se creen con el privilegio de hacer lo que no permitirían a sus mujeres. No hay tal privilegio. *La moral es la misma para el hombre que para la mujer.* Tan adulterio es que la mujer casada se vaya con otro, como que el marido se vaya con otra.

La vida íntima matrimonial tiene que estar saturada de ternura, de delicadeza, de amabilidad. La brutalidad, la brusquedad, la grosería, son funestas, nefastas. El amor matrimonial trasciende el apetito sensitivo, instintivo, sexual, genital.

El fracaso de muchos matrimonios está en la falta de virtud. *En la vida hay que aguantar.* El que no quiera aguantar que se vaya a una isla desierta. Allí no aguantará a nadie. Pero tendrá que aguantar su soledad. También aguantará. En la vida hay que aguantar. Todo el mundo tiene que aguantar.

Hoy día se ha generalizado un egoísmo feroz. Cada uno va a lo suyo. A pasarla bien él. A disfrutar él. A lo que a él le interesa. No quiere aguantar nada ni a nadie. Eso es una quimera. Eso es imposible. En la vida hay que aguantar. Sólo es feliz el que asume que en la vida HAY QUE AGUANTAR.

Que bonita es aquella frase que dice: «Las espinas pinchan cuando se pisan, no cuando se besan».

Capítulo 3

CONSEJOS PRÁCTICOS PARA LA INTIMIDAD EN EL MATRIMONIO

Mostraré algunos aspectos prácticos referentes a la relación sexual en el matrimonio.

Muchos han sido los matrimonios, que por temor al descontrol, lo vano y la concupiscencia, han vivido fracasos y frustraciones en esta área de su matrimonio, que los ha llevado al divorcio. ¡Cuidado! es una de las primeras causas, si no la primera, que ocasiona el distanciamiento de la pareja.

He desarrollado un cuestionario de consejería íntima a matrimonios, en forma de preguntas y respuestas, el cuál pongo a su consideración:

Cuestionario de consejería íntima

I. La falta de una respuesta sexual en la mujer, ¿se debe primordialmente a una dificultad física o a una emocional?

Básicamente, o mejor dicho esencialmente, es emocional. No hay nada que demuestre que la mujer no tenga la capacidad física para responder. Puede haber una disminución en el deseo sexual, pero hasta lo que ahora se sabe, todas las mujeres fueron creadas para responder sexualmente. Es por eso que molesta a las mujeres cuando se usa el término "frígida".

El ser frígida suena como que una mujer es de alguna manera fría y que no tiene capacidad sexual. La capacidad está dentro de cada una de ellas, pero existen temores o barreras que suelen impedir que esto se consagre.

Debemos hablar de la respuesta sexual como una respuesta innata en lugar de algo que se aprende. No es como el tenis, que se debe aprender, sino que es más bien un reflejo de lo que está en nuestros cuerpos, si podemos quitar las barreras de en medio y si se proveen las condiciones correctas para estimular este reflejo.

II. ¿Cuáles son las barreras más comunes por las cuales las mujeres no pueden responder?

Hay siete razones principales.

Primera. A la mujer no se le da el tiempo o la **atención necesaria** para que ella responda.

La mujer, generalmente, tiende a responder más lentamente que el hombre, y también tiene una mayor necesidad de *atención en los factores emocionales en una relación.* Estas son partes esenciales de la experiencia sexual en la mujer, mientras que el hombre puede estar más orientado hacia lo físico.

Segunda. *Una mujer no recibe la* **estimulación** *correcta.*

El orgasmo es un reflejo, como el que tenemos cuando el doctor nos da un golpe en la rodilla y nuestro pie salta. Pero es necesario que ese golpe en la rodilla sea dado en el lugar preciso para que el pie reaccione. Igualmente, si la mujer no recibe una estimulación que cause el reflejo sexual, no puede actuar este reflejo en su cuerpo. Cada mujer debe aprender lo que necesita y esto requiere tiempo y comunicación. Debido a que hablar abiertamente de la sexualidad en la relación matrimonial no es algo fácil, este tema suele ser ignorado totalmente.

No se pueden apretar los dientes y tratar con todo el esfuerzo posible que la respuesta se dé. Es más, eso suele ser un estorbo.

Tercera. La tercera razón común para la frustración sexual (la falta de experimentar un orgasmo) es **el temor.**

Puede ser el *temor a la sensación que ocurre*, o un temor a estar fuera de control, a ser más vulnerable, temor de dar lugar a una confianza más profunda. En la experiencia sexual, nos "dejamos ir" totalmente, nos relajamos completamente para ser del otro. Hace falta mucha confianza para ser tan vulnerable, y muchas personas no la tienen a causa de su trasfondo, de diferentes experiencias en su crecimiento, o de la relación actual con su cónyuge.

También puede ser el temor a cosas que son un poco más vagas, tales como el temor a volar, o a darse totalmente, o a no tener control sobre sus mentes.

Es posible que una persona no pueda verbalizar estos temores, pero sabe que se ha "cerrado" cuando estaba a punto de dejarse ir.

Cuarta. La cuarta razón por la cual una mujer no responde sexualmente es *porque **no se siente "femenina"**.*

Hay algunos cambios que ocurren en el cuerpo con los cuales una mujer puede no sentirse cómoda. Siente que el hombre puede gozar de la intimidad, pero que de alguna manera ella no ha sido creada para eso. Pero, definitivamente, esta es una enseñanza cultural.

El mejor ejemplo de que **el placer sexual mutuo es bueno se encuentra en el Cantar de los Cantares de Salomón**, que está lleno de placer sexual. *El pasaje de 1 Co. 7.3-5 dice claramente que el esposo no debe defraudar a su mujer en lo que le corresponde, y que la mujer no debe defraudar a su esposo.* Es una relación muy balanceada y equitativa.

Otro factor que ayuda a las mujeres en esta área es, haber sido creadas con una anatomía pertinente al tema. Específicamente, el clítoris, que tiene sólo un propósito, el cual es el de recibir y transmitir estimulación sexual. Si el hombre fuera el único que debió ser sexual, no creo que las mujeres hubieran necesitado de esa parte de sus cuerpos.

Quinta. Un quinto factor que retiene a algunas mujeres de alcanzar el orgasmo puede ser *un trauma* profundamente psicológico, como el haber sufrido una experiencia incómoda con un morboso o una violación, lo que causa que la intensidad de los sentimientos sexuales respondan negativamente. Justo cuando la mujer empieza a sentirse bien, comienza a sentirse mal a causa de un evento negativo asociado con sentimientos sexuales.

Sexta. La sexta causa para la falta de una respuesta en la mujer es el *conflicto en su relación*. Si ella no siente que la relación es cuidada y nutrida puede pensar, aunque no lo diga: "No le voy a dar a él esa satisfacción".

Por supuesto que así está privándose de algo a sí misma también, pero la ira suele ser así de paradójica. Nos lastimamos a nosotras mismos antes que a la persona que queremos herir.

Séptima. La última razón principal por la cual una mujer no experimenta una relación de satisfacción con su esposo es la **inhibición religiosa**. Esto ocurre cuando la mujer empieza a sentirse intensamente sexual y bastante excitada, pero entonces escucha una voz que le dice: "¡No!". Tiene una creencia de que no debe ser sexual.

Ahora bien, si una pareja tiene *problemas sexuales, y si cualquiera de los cónyuges se siente frustrado o insatisfecho*, ¿qué pasos debe tomar la pareja para sobrepasar esta dificultad?

Les recomiendo que empiecen a leer algún libro al respecto, y que comiencen a hablar el uno con el otro. Es asombroso cuánto pueden aprender de su relación con un poco de educación y comunicación abierta.

No recomiendo ayuda profesional al comienzo. La pareja necesita hablar el uno con el otro, y una buena manera de comenzar es usar un libro. Frecuentemente animo a las parejas a que lean el libro, juntos, en voz alta, y que hablen de asuntos sexuales que nunca han discutido antes. Esta es una situación más cómoda porque no tienen que crear los términos sexuales sino simplemente leer el libro y comentarlo.

La discusión será más espontánea si leen el libro, juntos, que si lo leen por separado y lo tratan de comentar. Si después de esto una pareja encuentra que en realidad necesita ayuda profesional, tendrá su problema más definido a través de la comunicación previa.

La ayuda propia es bastante beneficiosa porque la mayoría de las personas no buscan ayuda profesional. Muchos están en lugares donde no existen profesionales capacitados. Además, muchos no irán a un consejero porque tienen inhibiciones o limitaciones económicas.

III. ¿Cree que la frustración sexual es un problema común en las mujeres casadas?

Podríamos decir que es un problema extremadamente común. En los seminarios que doy sobre la sexualidad, siempre encuentro un segmento significativo de la población que está experimentando este problema. Muchas veces, sin embargo, estas personas sienten que son la minoría. Pero encuentran mucho alivio al saber que muchos otros también luchan en esta área.

IV. Como Consejero Matrimonial, ¿Cómo aconsejaría a una pareja que tiene problemas sexuales?

En primer lugar, evaluaría el problema para tener una idea clara de cuál es el problema. Entonces nos pondríamos de acuerdo acerca de algunas metas hacia las cuales trabajar.

Estas metas deben ser fijadas por la pareja, para que uno de los cónyuges no esté simplemente haciendo algo para el otro.

Generalmente, trabajo dentro de un intenso programa en el cual veo a la pareja por 10 días durante 50 minutos cada día. Les doy tres tareas diferentes por períodos de 24 horas, involucrando experiencias de enseñanza-aprendizaje, comunicación y tacto.

Y el 65 por ciento de las experiencias involucran el tacto.

Cuando se busca a un terapeuta, recomiendo que la persona busque a alguien que trabaje cambiando modelos de comportamiento y aprendiendo nuevas formas al relacionarse sexualmente. El tratar de analizar por qué existe el problema, o el concentrarse en una psicoterapia de larga duración que explora las relaciones con el padre o la madre, etc., es un proceso muy largo que no tiene un índice de éxito muy alto.

V. ¿Usted animarían a una mujer a tomar la responsabilidad de su propia satisfacción sexual?

Creo que una de las razones por las cuales hay mucha insatisfacción sexual entre las mujeres es porque no asumen su propia responsabilidad.

Muchas mujeres sienten que sus esposos deberían saber instintivamente dónde les gustaría que las toquen, qué funciona y qué no funciona. La gente cree que se puede aprender a relacionarse sexualmente en tres sencillos pasos y que todas las mujeres son iguales. Pero no es así. La gente cambia de momento a momento, y las necesidades varían de una persona a otra. La única manera de que la mujer sea verdaderamente satisfecha es que asuma la responsabilidad de comunicarle a su esposo qué es lo que le trae placer en ese mismo momento, y que entonces busque activamente esa satisfacción.

VI. ¿Cuál cree que es la perspectiva bíblica sobre el sexo?

Creo que Dios tuvo la intención de hacer que el área sexual de nuestras vidas fuera el área en la cual nosotros (como esposos), en realidad nos hacemos uno, y nos entregamos totalmente el uno al otro para el placer y la intimidad. Probablemente es donde más experimentamos la integración, lo emocional, espiritual y físico, todo participa en una unión muy intensa.

Debo agregar que ésta debe ser un área de gran apertura entre los esposos y sus esposas. No tenemos que esconder nada. Pienso en la analogía del Jardín del Edén. Cuando Adán y Eva pecaron, no sólo se escondieron de Dios, sino que se avergonzaron el uno con el otro.

Esta vergüenza no había existido antes. En el perfecto estado del ser humano, había una completa apertura y falta de vergüenza.

Capítulo 4

ETAPAS DEL MATRIMONIO

El matrimonio tiene diferentes etapas por las que va pasando, de acuerdo a la edad de los cónyuges, adaptación, y crecimiento de los hijos.

PRIMERA ETAPA (0-3 años)

"De transición y adaptación temprana"

Esta etapa es la primera en la relación de pareja y dura de recién casados hasta aproximadamente los tres años de casados. Es una etapa muy importante y fundamental para las siguientes y la tarea primordial es: *adaptarse al nuevo sistema de vida*, en el cual habrá grandes diferencias en la manera de enfrentarse a la cotidianidad y hábitos muy particulares en cada uno de los cónyuges.

Es una etapa de aprendizaje en un rol hasta entonces desconocido como es el rol de cónyuge. Una desilusión por expectativas demasiado irreales de lo que se puede obtener y lograr de una relación de pareja, puede llevar a resentimientos por sentirse traicionados en sus deseos más íntimos. Es también necesario desarrollar una adecuada capacidad para resolver problemas que son frecuentes en esta etapa, ya que se tienen que tomar muchas decisiones y las reglas empiezan a funcionar. Hay parejas que se callan y se guardan para sí las inconformidades y desde muy temprano en la relación no logran acuerdos realistas y maduros, para manejar los conflictos. Otros discuten fuertemente pero son incapaces de ceder y nunca llegan a soluciones adecuadas. Por lo tanto es una etapa en la que es de suma importancia **saber dialogar y negociar** adecuadamente los desacuerdos.

Una tarea muy importante es la de crear y definir límites con las familias de origen, surgen ciertos problemas por la cercanía o distancia que se debe tener hacia los padres y su influencia ante las decisiones de la joven pareja. Las crisis más frecuentes en este período de ajuste son: la dificultad para desprenderse de sus familias de origen y buscar constantemente el apoyo y consejo de estos, sin lograr la autonomía que toda pareja necesita para llegar preparado a las siguientes etapas.

Los límites con las familias de origen, pueden ser difíciles de establecer, especialmente cuando existe dependencia de tipo económica o cuando los esposos son inmaduros para resolver por sí mismos sus problemas.

En el área de la intimidad, es una etapa de establecer las reglas de intimidad, sobre los gustos y preferencias de cada uno, y aquellos momentos o situaciones que a cada uno le es desagradable.

Por último en cuanto a *poder*, la pareja prueba su poder en cuanto a manejo y administración de dinero, tipo y cantidad de diversiones, la distribución de tareas del hogar, son temas frecuentes al establecer el poder. En cuanto a las amistades también se debe decidir y llegar a acuerdos en los que ambos se sientan tomados en cuenta y respetados en sus opiniones.

SEGUNDA ETAPA (3-8 años)

"De reafirmación como pareja y la experiencia de la paternidad"

Ocurre entre los 3 y los 8 años de casados aproximadamente. En esta etapa se pueden seguir dos caminos. Ya ha terminado la luna de miel y la adaptación. En algunos casos puede venir una desilusión y dudas de no haber elegido bien a nuestra pareja. Es muy importante resolver estas dudas y superar los aspectos que nos han desilusionado para llegar a reafirmarnos y lograr una estabilidad. Pero en ocasiones la inmadurez, la terquedad y la idealización de lo que esperamos de la relación, puede llevar a la infelicidad, y a sentirnos insatisfechos. Siendo desgraciadamente en este tipo de crisis donde se da el número más elevado de divorcios.

En esta etapa la mayoría de las parejas se enfrentan a la tarea de ser padres, hecho que colorea este período de grandes satisfacciones, pero también es una etapa de presiones constantes; todo cambia en el hogar cuando llegan los hijos, debe diseñarse una nueva organización, los bebés demandan mucha atención y tiempo, algunos autores han llamado a este momento "el bache del bebé" y el peor error es centrarse demasiado en ellos y descuidar la relación de pareja.

En cuanto a *los límites*, estos suelen estar mejor definidos ante los padres, pero ahora se ponen a prueba con los amigos y con los hijos, siendo de suma importancia que tanto unos como otros no se involucren en los problemas y decisiones de la pareja.

En lo relativo a la *intimidad*, si en la etapa anterior se elaboraron reglas claras y se fomentó la comunicación, puede ser una etapa de gran intimidad y satisfacciones. Lo que hay que cuidar es que ante las presiones de los hijos, el trabajo y las demandas de la vida diaria, se inicie un gradual distanciamiento y se pierda la intimidad, porque esto tiene graves consecuencias en la relación de la pareja.

En el área del *poder*, en esta etapa se define como resultado de las soluciones dadas a los problemas que surgen en la etapa anterior. Se establecen patrones de poder y cómo y quién los ejerce, dependiendo de esto se pueden dar tres tipos de relaciones de poder:

1. La relación simétrica: Es una relación en que ambos cónyuges esperan dar y recibir órdenes y ambos dan y reciben órdenes. Los cónyuges tienen esencialmente iguales derechos y obligaciones. Este tipo de relación nos puede parecer ideal, la mejor y la más saludable, pero en la vida real ocasiona problemas de competencia y luchas encubiertas en las que ambos deseen ganar el poder.

2. La relación complementaria: Es una relación en la que un miembro predomina y manda y el otro se somete y obedece. Este tipo de relación aumenta al máximo las diferencias, y aunque tiene la ventaja de desarrollar menos competencia, también existe una gran desventaja que con frecuencia el miembro que se somete acumula enojo y resentimientos, sintiéndose que no es tomado en cuenta y que es poco valorado, y como sabemos estas emociones van a aflorar en algún aspecto de la relación.

3. La relación paralela: Aquí los esposos alternan entre relaciones simétricas y complementarias de acuerdo a contextos diferentes y situaciones cambiantes. Pueden darse mutuo apoyo y pueden competir sanamente. Este tipo de relación es la más deseable, cada uno tiene el poder en ciertas áreas como la administración de la casa y el dinero, las actividades diarias o los eventos cotidianos, cualquiera de los dos puede tomar el poder y decidir. Y en aquellos aspectos que son muy importantes o decisivos en la vida familiar, ambos cónyuges tienen igualdad en opinión y de poder; no existe uno que manda y otro que tiene que obedecer.

Entonces podemos concluir que esta segunda etapa nos presenta tareas fundamentales que debemos enfrentar, como son: establecer una nueva identidad como padres y estabilizar nuestra relación.

TERCERA ETAPA (8-20 años)

"Diferenciación y realización"

Ahora vamos analizar lo que ocurre en esta tercera etapa en las parejas que se encuentran entre el octavo y el veintavo año de matrimonio.

Se puede decir que cuando las parejas han sido capaces de resolver conflictos y crisis en las etapas anteriores, este es un período de estabilización y una oportunidad para lograr un mayor desarrollo y realización personal y como pareja. Pero también esto puede ser fuente de conflicto ya que puede darse un desarrollo desigual en los esposos. La madre, por tener mayores obligaciones con los niños pequeños puede haberse olvidado de cultivar y trabajar en su crecimiento personal y por lo tanto sentirse en desventaja con su esposo, albergando cierto resentimiento que la lleva a formar alianzas con los hijos, con todas las implicaciones que esto tendría en el desarrollo individual de los hijos.

Una tarea fundamental en esta etapa es haber logrado la intimidad profunda y madura.

Podemos hablar de los **"malos" matrimonios o aquellos que se pueden considerar "insatisfactorios"**, ya que se han ido alejando gradualmente y no disfrutan de su compañía, sin existir un apoyo mutuo. Respecto a este parámetro los clasificamos en cinco tipos:

1.- El matrimonio habituado al conflicto:

Este matrimonio se caracteriza por tener constantes conflictos, pleitos, y se respira un ambiente de gran tensión. Realmente continúan juntos únicamente por los hijos, pero se sienten completamente infelices.

2.- El matrimonio desvitalizado:

Se refiere a matrimonios que viven de manera paralela, con intereses y actividades diferentes. Son apáticos y fríos uno con el otro. El conflicto, aunque abiertamente no existe, se encuentra reemplazado por falta de vitalidad y entusiasmo, no comparten metas comunes.

3.- El matrimonio que congenia en forma pasiva:

Este matrimonio es "placentero" para ambos. Hay un "compartir" en el área de intereses, pero existe también una interacción distante. Los contactos interpersonales son con el exterior y los intereses de ambos son con otras personas. Los cónyuges piensan que así son la mayoría de los matrimonios y hay un cierto apoyo mutuo en la relación.

4.- La relación vital:

Esta relación es excitante y satisfactoria, además de extremadamente importante para ambos en una o varias áreas, como la crianza de los hijos, el trabajo, la diversión, etc. Los cónyuges trabajan juntos con entusiasmo. El otro es visto como indispensable para el goce de las actividades que realizan en conjunto.

Este matrimonio, a pesar de tener conflictos ocasionales, es básicamente una unión enormemente satisfactoria y una fuerza estabilizadora en el crecimiento del individuo.

5.- El matrimonio total:

El grado de acercamiento, en este matrimonio es similar al anterior, pero contiene más facetas. En él, todas las actividades son compartidas y el otro es indispensable para todo. Este tipo de relación es rara, pero posible.

Otro aspecto a cuidar durante esta etapa es el manejo del poder. Si durante muchos años no se han resuelto las luchas de poder, es muy probable que uno de los miembros de la pareja provoque desequilibrios, uniéndose a uno o más hijos que ya cuenten, por su edad, con alguna importancia en el proceso de tomar decisiones; impidiendo por un lado la libertad y la autonomía que los hijos necesitan en este período, sintiéndose atrapados en un conflicto de lealtades, si apoya a un padre se siente culpable y desleal hacia el otro y además sus relaciones con personas ajenas a su familia se verán afectadas por su sensación de que uno de sus progenitores necesita de él para su felicidad y estabilidad; y por otro lado aumentando el alejamiento de la relación de pareja.

Por lo tanto, todas aquellas parejas que atraviesan este período, deben trabajar por lograr un matrimonio con actividades y metas comunes, ser creativos para evitar caer en la rutina y no involucrar a los hijos en las decisiones y conflictos que son únicamente de los esposos.

CUARTA ETAPA (20-35 años)

"De estabilización"

Vamos a terminar nuestro recorrido a través de las etapas cruciales que toda pareja debe de enfrentar y solucionar. Y obviamente los cimientos y la capacidad que se haya tenido para caminar juntos sorteando y resolviendo las crisis, hacen de estas dos últimas etapas momentos de grandes satisfacciones y una nueva intimidad entre la pareja.

Esta es bastante larga, es de los 20 a 35 años de unión; ocurre alrededor de los 45 y los 55 años de edad, en la que ambos miembros presentan una etapa de transición de la mitad de la vida, algunos autores la han llamado la **"crisis de la edad madura",** con características muy interesantes, por un lado se busca un equilibrio entre las aspiraciones y los logros, cristalizándose en la mayor parte de los casos en un proceso de reflexionar las prioridades y arreglar una escala de valores un poco diferente, que conduce a una estabilización de cada uno y del matrimonio.

Sin embargo, también se pueden presentar conflictos en esta etapa, tales como diferentes apreciaciones y evaluaciones del éxito logrado y de lo que aun hace falta en términos de aspiraciones futuras. Asimismo existen conflictos en cuanto a la pérdida de atractivo y habilidades físicas, que hacen que personas de esta edad busquen compensaciones con personas más jóvenes y quieran demostrar que aún poseen fuerza y virilidad o feminidad para atraer a personas que consideran atractivas.

Al mismo tiempo, es habitual que en esta fase se tengan hijos adolescentes y/o adultos jóvenes, en medio del proceso de la separación de los padres. Los matrimonios que más se oponen a la separación y más sufren con este proceso, son aquellos que desde un principio involucran a los hijos en sus conflictos.

La partida de los hijos puede, en un momento dado, aumentar o disminuir la intimidad de la pareja según el grado en el que los hijos estaban interpuestos entre los miembros de la pareja.

El poder se puede ver afectado, durante la salida de los hijos, únicamente cuando estos hacían alguna alianza de poder con alguno de los padres en contra del otro. En este caso, al salir los hijos ocurren nuevos conflictos de poder similares a los de las etapas tempranas.

QUINTA ETAPA (35 años en adelante)

"De enfrentamiento con vejez, soledad y muerte"

Como su nombre lo indica, los temas principales son la vejez, con su pérdida de capacidades físicas e intelectuales, con la soledad por la partida de los hijos y las muertes graduales de parientes y amigos.

Las variaciones de pareja a pareja frente a estos acontecimientos están en función de los valores. Si existió un énfasis valorativo en atractivo o habilidades físicas, la pérdida de estas capacidades representa la principal fuente de stress. Tenemos en cambio, otras parejas en las cuales el valor principal ha estado en la educación de los hijos y en ser padres, reaccionando de manera intensa a la soledad cuando los hijos se van. Y hay otras parejas cuya valoración en la esfera del trabajo es excesiva y **el stress principal proviene de eventos como la jubilación y el ser desplazado por personas jóvenes.**

Cualquiera que sea la fuente de tensión, los integrantes de la pareja, en este tiempo, tienen mucha necesidad de apoyo y cariño uno del otro. Los conflictos en esta etapa son bastante menos frecuentes; la mayoría de las parejas se han estabilizado en líneas de poder e intimidad. En cuanto a los límites pueden ocurrir dos problemas que se debe cuidar, el exceso de límites, perdiendo el contacto con el mundo exterior, creándose una situación de **aislamiento. O involucrarse excesivamente con las familias de sus hijos y con sus nietos,** sin dar independencia y libertad a la nueva pareja.

Capítulo 5

EL DIVORCIO

"Porque Yo detesto el divorcio," dice el Señor, Dios de Israel, "y al que cubre de iniquidad su vestidura," dice el Señor de los ejércitos. "Presten atención, pues, a su espíritu y no sean desleales." (Malaquías 2:16)

"Pero al principio de la creación, varón y hembra los hizo Dios. Por esto dejará el hombre a su padre y a su madre, y se unirá a su mujer, y los dos serán una sola carne; así que no son ya más dos, sino uno. Por tanto, lo que Dios juntó, no lo separe el hombre. (Marcos 10:6-9)

I. ¿Conduce a la felicidad el divorcio?

La criatura humana desea principalmente la felicidad; pero, de manera parecida a como pueden perderse la vida o la libertad, puede zozobrar la felicidad; o, por mucho que se busque, es posible el fracaso en el intento de encontrarla. El fallo puede proceder de no buscar donde puede encontrarse, o de no hacerlo de la manera adecuada. Existen reglas precisas para la búsqueda de la felicidad y también para su conservación. Por ignorancia muchas personas violan esas reglas, pero éstas continúan en vigor y se pagan las consecuencias de habérselas saltado. Es parecido a la corriente eléctrica que puede matar si se ignora que un cable conduce alta tensión y se toca, o se bebe una mezcla que resulta venenosa. La ignorancia no la aísla contra la electricidad, ni es antídoto al veneno. Se da el caso de quiénes se irritan ante esas leyes, que no ignoran. Prefieren dictar sus propias leyes. Desean que la vida les dé la felicidad: la quieren ahora, y bajo sus propias condiciones, pero ¿encuentran lo que buscan? Como un motociclista colérico que no acepta que la carretera no sea recta, y acelera como si lo fuera, como si las curvas no existieran. Algo similar acontece con la persona que exige un derecho de encontrar la felicidad. Nosotros no podemos obligar a la vida a que proporcione la felicidad; la vida, con sus leyes, está dispuesta a dárnosla; pero hay que acatar esas normas. Hay realidades en la vida particularmente capaces de procurar la felicidad, pero no a quien las quiere doblegar según su voluntad. Entre estas realidades se encuentra la relación entre el hombre y la mujer, de modo especial como se realiza en el matrimonio y en la familia.

"Si me lanzo a una apuesta, se me tiene que exigir pagar, o no tiene caso apostar. Si me lanzo a un desafío, se me debe obligar a que luche, o no hay razón en desafiar a alguien. Si me comprometo a ser fiel, debo ser maldecido cuando no soy fiel, o no hay nada grande en comprometerse".

Hallazgos del estudio acerca del divorcio y la felicidad

Me gustaría examinar una importante publicación titulada: ¿Hace feliz el divorcio a la gente? El estudio, que fue realizado por un prestigiado Instituto, nos revela lo que nosotros ya habíamos observado clínicamente, pero que ahora ha sido documentado por la investigación. Los hallazgos son dignos de mención, porque desmitifican el mito contemporáneo, de que si alguien tiene problemas en su matrimonio, tiene dos posibilidades: permanecer en la relación y mantener una vida miserable; o divorciarse para ser feliz.

Haciendo uso de una encuesta nacional con datos de amplia representación de la población, los cuales tienen toda clase de información sobre la familia, un equipo de investigación analizó 5233 adultos casados, quienes fueron entrevistados a finales de la década de los noventa. De este grupo de individuos, 645 dijeron no ser felices en su matrimonio. Cinco años más tarde, estos mismos adultos fueron entrevistados de nuevo, algunos de ellos se habían divorciado o separado y otros habían permanecido casados.

Los resultados de estas entrevistas fueron extraordinarios. Nos revelaron que dos tercios de las parejas casadas, que no eran felices, pero que permanecieron casadas ¡eran más felices, cinco años más tarde! Entre las personas que inicialmente calificaron a sus matrimonios como "muy infelices", pero permanecieron juntas, cerca del 80 por ciento se consideraron "felizmente casadas" y mucho "más felices" cinco años más tarde.

Sorprendentemente, lo opuesto es cierto para aquellos que se divorciaron. El estudio confirmó que el divorcio frecuentemente fracasa en hacer feliz al individuo, porque mientras provee un alivio momentáneo al dolor asociado con un mal matrimonio, al mismo tiempo, introduce una multitud de nuevas y complejas dificultades emocionales y psicológicas, sobre las cuales las partes involucradas tienen poco control. Éstas incluyen las batallas por la custodia de los niños, el daño emocional causado en los niños, las dificultades económicas, la soledad, más desilusiones amorosas en el futuro y así sucesivamente. Esto ayuda a explicar por qué de todas esas parejas, que no eran felices en la encuesta inicial, sólo el 19 por ciento de las que se divorciaron o se separaron eran felices cinco años más tarde.

Resultados como éstos sugieren que los beneficios del divorcio han sido exagerados". En realidad, el sufrimiento del divorcio se extiende más allá de los padres y los hijos para crear dolor y aflicción en otros miembros de la familia extendida. El censo pasado reveló que como resultado del divorcio y de otros factores, actualmente existen 3.4 millones de abuelos que se han hecho cargo de cuidar a sus nietos. Muchos de estos abuelos no están lo suficientemente preparados, tanto financiera como físicamente para cuidar niños a tiempo completo. Estas personas pensaron que ya habían terminado sus responsabilidades como padres, pero ahora se encuentran nuevamente obligados con una responsabilidad, que debería estar en las manos de la gente joven.

La creencia convencional es que cuando un matrimonio está en dificultades significa que ya está acabado. Pero lo que estamos observando con estos datos es que hay parejas que aunque básicamente tienen problemas, su relación se ha recuperado.

A pesar de estos resultados tan optimistas, las familias continúan separándose a un récord alarmante.

Muchas veces, el divorcio ocurre, no porque una de las partes busca la felicidad, sino porque uno de los cónyuges encuentra un nuevo amante y como resultado busca deshacerse de su pareja. En este contexto, la ruptura representa la infidelidad de uno de los esposos y el dolor indescriptible para el otro.

La evidencia científica confirma claramente que **la institución del matrimonio ordenada por Dios es beneficiosa para el hombre y la mujer en la sociedad**; por otra parte, el divorcio es una desviación destructiva del plan divino de nuestro Creador. También sabemos por una gran cantidad de investigaciones que se han publicado en las tres últimas décadas, que el matrimonio conlleva grandes beneficios para los niños. Si se observan los indicadores que miden el bienestar de los niños, tales como la salud emocional o física, el éxito educacional, ausencia de consumo de drogas, pobreza y ausencia de actividad sexual o actividades criminales, encontramos que los niños nacidos o adoptados por parejas casadas por primera vez, tienen más posibilidades de sobresalir en toda la lista de indicadores que los niños que se crían en cualquier otra categoría de familia. "Cuando los padres permanecen casados, los niños crecen saludables".

A la inversa, el divorcio afecta a los niños en un grado tan profundo, que es imposible de vislumbrar. La doctora Judith Wallerstei, la autoridad más importante sobre cómo el divorcio afecta a los niños, comenzó su estudio del fenómeno del divorcio en la década del setenta. Ella, junto con la mayoría de los psicólogos infantiles de esa época, asumió que el divorcio de los padres, sólo sería un pequeño bache en el camino para la mayoría de los niños. Sin embargo, a medida que la investigación progresaba, ella nos dice: "Mi preocupación crecía al observar que **el divorcio es una crisis de largo plazo, que está afectando los rasgos psicológicos de toda una nación**. El divorcio es una experiencia que altera toda la vida". De acuerdo con ella, muchos de los niños en su trabajo de investigación dijeron, que ellos no se habían enterado de que sus padres estaban teniendo problemas serios, y el divorcio marcó el fin de su niñez. Wallerstein dice que la ruptura de la familia es tan destructiva para los niños, porque los "niños se identifican no sólo con la madre y el padre como individuos separados, sino también con la relación que existe entre ellos". Desde la perspectiva del niño, la madre y el padre son una unidad inseparable por naturaleza. Esencialmente ella está diciendo que los niños ven a los padres, de la forma en que Dios los ve, como una sola carne que no puede ser separada en pedazos.

Ahora, déjenme ofrecerles unas palabras a aquellos de ustedes que a lo mejor están actualmente en un matrimonio que parece estar desintegrándose ante sus ojos. El resaltar las "historias exitosas" de matrimonios que estaban al borde de la destrucción y fueron rescatados a tiempo, no significa que yo intento disminuir o pasar por alto, el dolor que ustedes están sintiendo o la complejidad de la situación que ustedes están enfrentando. Todos los días, recibio noticias de esposos o esposas que sufren lo indecible, en términos de abuso físico, infidelidad y otras situaciones difíciles.

Sin embargo, para todos los que están cansados de luchar y que a lo mejor están considerando el divorcio, puedo sugerirles que si es posible, se mantengan en su matrimonio. Aprovechen todos los recursos existentes para ayudarse y así encontrar un terreno común y reconciliarse con su cónyuge. Considere la posibilidad de hablar con su Consejero Matrimonial o con un Terapeuta. También podría usted estar interesado en asistir a un seminario para mejorar el matrimonio o también puede leer libros que le ayuden a encontrar soluciones a las dificultades de su matrimonio.

Lo cierto es que hay ciertas circunstancias que son más difíciles de manejar. **Considero que un esposo o una esposa no deberían permanecer en una situación donde existe el abuso físico.** Los golpes y las amenazas son una forma de chantaje emocional, con el cual una víctima tiene que romper definitivamente. A las personas que se encuentran viviendo bajo la sombra de estos temores, les sugiero la separación física y si es posible, una terapia inmediata para la esposa o esposo que esté siendo abusado. Al infractor se le debería hacer entender que va a perder a su familia si su conducta destructiva continúa.

Lo más importante es que si usted y su esposa mantienen una relación con Dios, busquen diligentemente su ayuda. Él creó la institución del matrimonio y ¡Él quiere que triunfemos! Vuelvan a dedicarle su relación, pídanle sabiduría, gracia y la curación de las heridas que han sido perpetradas sobre los corazones de ambos. Luego, empiecen a construir bajo su poder, recordando que: *"Si el Señor no edifica la casa, en vano se esfuerzan los albañiles"* (Salmo127:1).

II. La mujer en la familia

Es un hecho comprobado que una mujer sola es capaz de salvar un hogar, de sacarlo adelante, al grado que se ha hecho la comparación entre **la madre dentro de la familia y el mástil principal de un circo:** ahí se soporta la carpa, se cuelgan los changos, se sostienen los trapecistas, se rascan los elefantes, etc., pueden caerse los demás postes, y "no pasa nada", pero que no se caiga el mástil principal, porque entonces se acaba la función. Esto es así porque la madre cumple un papel muy excelso en la familia.

Y es que la función de la mujer en el hogar es importantísima, puesto que es una persona que se ajusta a todo, en su sentido más auténtico y honorable. Un ejemplo de esto lo descubrimos cuando vemos a **una madre que en la comida "escoge" las alas del pollo y aún comentar que es la pieza preferida por ella.**

Por eso estamos con la Madre Teresa cuando decía: "La mujer es el centro de la familia. Si hoy existen problemas graves, es porque la mujer ha abandonado su lugar en el seno de la familia".

Se pone del lado más débil como la persona que equilibra un velero al sentarse donde hace falta peso. Así es la mujer, y su oficio es generoso, peligroso y romántico. En este oficio de ser madre, se está generalmente encerrada en casa con *un ser humano que hace todas las preguntas que pueden existir y algunas que ni siquiera existen.* Si alguien dice que este deber es en sí mismo demasiado exigente y opresivo, es entendible. Pero cuando se tilda de desagradable lo doméstico por insignificante, descolorido y de muy poca consecuencia para el espíritu humano, no entiendo qué significan esas palabras. *¿Cómo es posible que enseñar a otros sea una carrera profesional importante y grande, mientras que enseñar a los propios hijos de uno todo sobre el universo sea una carrera insignificante y diminuta?* Los bebés no necesitan que se les enseñe un oficio, sino que se les introduzca a un mundo entero. Valía la pena echar todo este peso sobre las mujeres para mantener el sentido común en el mundo.

Sin embargo, aunque sea cierto que en muchos casos basta una mujer para sacar adelante al resto de la familia y hacerlo muy bien, la evidencia está a favor de la familia unida y completa, que nace de un hombre y una mujer, desempeñando su papel de padre y de madre; así se dan las mejores condiciones para el crecimiento de los hijos. No es válida la sospecha generalizada sobre los hombres a los que automáticamente se les tacha de autoritarios y violentos, a la vez de irresponsables, inútiles o apáticos.

En la familia, mujeres y hombres son insustituibles. La falta de padre en la familia suele traer consecuencias económicas negativas (la llamada feminización de la pobreza), pues muchas veces una mujer sola afronta el compromiso de sacar adelante a los hijos, ya que ella puede renunciar a ser esposa, pero difícilmente deja su papel de madre.

III. Matrimonio ¿para qué?

La finalidad natural del matrimonio redunda en los hijos y en el bien de los cónyuges, independientemente de los motivos personales que tengan los propios contrayentes. Sin embargo, parece como si el matrimonio hubiera salido mal al hombre actual, pues se siente inseguro y hasta decepcionado ante él, como queda evidenciado por el alto índice diario de divorcios. Se cree en el divorcio y se pierde la fe en el matrimonio.

Los partidarios del divorcio comentan que es más honrado reconocer que un matrimonio es infeliz, y ponerle fin. Se difunde que el divorcio ha sido la gran liberación para aquellos que no han podido realizarse en su matrimonio y que desean intentarlo de nuevo; que ha hecho felices a muchos; que cada vez son más los que logran rehacer su vida después del divorcio; y, que quien cometió un error al casarse, no tiene por qué pagarlo toda la vida. Eso dicen los partidarios del divorcio, pero yo preguntaría ¿Qué dicen los que ya se divorciaron?

Entre quienes se divorcian pueden existir motivaciones muy distintas. Unos pretenden alejarse del cónyuge y continuar su vida sin buscar pareja; en otros su motivación ha sido precisamente el haber encontrado otra; y también los hay que viven sin compromiso, con personas distintas. En cualquier caso existe una insatisfacción que se espera llenar una vez conseguido el divorcio. Satisfacción que muy raramente llega.

Es verdad que el divorcio legal hace posible que se disuelva el vínculo civil del matrimonio, dejando a los cónyuges en aptitud de contraer otro, pero esta posibilidad no basta para explicar por qué ha habido un crecimiento alarmante de las crisis matrimoniales.

¿Qué significaba el matrimonio para quienes se divorciaron? ¿Es un contrato establecido en cálculos de beneficios mutuos? ¿Ha de basarse en el eros, en la amistad o en el aspecto económico? ¿Es un medio para la realización personal? ¿Es un empeño de amar a una persona?

Existen muchísimas explicaciones, sin embargo ninguna tan comprometida con esta institución como la que enseña la Iglesia, que en su Catecismo enseña que el hombre y la mujer están hechos "el uno para el otro"; los ha creado para una comunión de personas, en la que cada uno puede ser "ayuda" para el otro porque son a la vez iguales en cuanto personas ("hueso de mis huesos") y complementarios en cuanto masculino y femenino. En el matrimonio, Dios los une de manera que, formando "una sola carne" (Génesis 2, 24), puedan transmitir la vida humana: "Sed fecundos y multiplicaos y llenad la tierra" (Génesis 1, 28) ". "La alianza matrimonial, por la que el varón y la mujer constituyen entre sí un consorcio de toda la vida, ordenado por su misma índole natural al bien de los cónyuges y a la generación y educación de la prole, fue elevada por Cristo Nuestro Señor a la dignidad de sacramento entre bautizados".

A pesar de lo expuesto, vemos que el divorcio es una realidad en nuestros días; se le ha otorgado carta de ciudadanía en casi todos los países sin poner en tela de juicio su beneficio. Sin embargo, empiezan a aparecer efectos negativos que frustran a quienes esperaban alcanzar la felicidad con el cambio en su vida matrimonial.

IV. Situaciones que crea el divorcio

Tras la liberación del divorcio ha descendido el nivel de vida de muchas mujeres y de los hijos y han aumentado los gastos del Estado.

Todos hemos oído hablar de las sumas que cantantes, actores o grandes empresarios deben pasar a sus antiguas mujeres tras el divorcio, pero no son tantos los casos en los que el tribunal obliga al marido a que pague una pensión para mantener a su ex-mujer:

Dividir una familia supone mayores gastos, pues para que una persona adulta que viva sola alcance el mismo nivel de vida, necesita la mitad de los ingresos de un matrimonio con dos hijos. Un año después del divorcio el nivel de vida de las mujeres disminuye en un 73% mientras que el de los hombres aumenta en un 42%.

Con respecto a los hijos

Ahora bien, los que más padecen el descenso de nivel de vida, son los hijos.

Otros efectos sociales que se derivan son: aumento de criminalidad juvenil e incremento del consumo de drogas, menor éxito en los estudios, más problemas de comportamiento y peores empleos. Se ha llegado a la *conclusión de que para un niño, el divorcio de los padres es más perjudicial que quedar huérfano.*

Los partidarios del divorcio, quizá no se han puesto a pensar en el problema personal y social que plantea su situación al llegar a edades avanzadas, o ante una enfermedad, pues ¿Quién y cómo se ocupará de un divorciado que vive aislado? ¿Qué calidad de cuidados y atenciones se podrán tener para con esa persona? Pensemos también en la carga y riesgo social que representan los hijos abandonados por sus padres.

Más y más las investigaciones demuestran que los niños de parejas casadas tienen mejor salud, les va mejor en la escuela, viven menos frecuentemente en la pobreza y más raramente se encuentran envueltos en actividades criminales u otras actividades destructivas. Pero a medida que los matrimonios fracasan, los problemas sociales y los dineros del gobierno para solucionar esos problemas, aumentan.

El divorcio también tiene consecuencias de preocupar. Estudios demuestran que el ingreso de la familia para mujeres y niños, es probable que caiga bajo el nivel de pobreza inmediatamente después del divorcio, cayendo tanto como un 50 por ciento y causando una reducción sustancial en la capacidad de ganar dinero y de adquirir fortuna a largo plazo.

Comparado con los niños de familias intactas, los niños de padres divorciados:

- Tienen tasas más altas de criminalidad, abuso de drogas, ser abusados sexualmente, y recibir cuidado negligente.

- Tienen resultados pobres en test de lectura, escritura y matemáticas, y repiten año o abandonan la escuela o la Universidad con mayor frecuencia.

- Tienen una incidencia mucho más alta de problemas conductuales, emocionales, psiquiátricos y de salud física, incluyendo depresión y suicidio; y

- Tienen una probabilidad mayor de divorciarse cuando grandes.

Tales efectos no son hechos aislados; ponen en marcha un espiral descendente de comportamiento disfuncional y de desesperación, que complica el problema para sus propios hijos, y las futuras generaciones.

V. Aspectos que motivan al divorcio

El marido perfecto, la esposa perfecta, no existen, por ello es necesario que durante el noviazgo puedan conocerse lo mejor posible, con todo y defectos. Resulta necesario haber hablado con la suficiente claridad sobre las responsabilidades, los ingresos, los defectos notorios. Si esto no se hace así, es lógico pensar que muchas veces el fracaso del matrimonio se debe fundamentalmente a que hubo un fracaso anterior, el del noviazgo.

Otro aspecto es el de que cuando el noviazgo ha avanzado, el tiempo crea un compromiso del que no es fácil liberarse, al sentirse comprometidos porque ya tienen tiempo de novios y si cortan ¿cómo lo van a explicar a los demás? Quizás no deban casarse cuando llevan mucho tiempo con esta relación, porque muchos lo hacen por compromiso.

Obviamente, sea como sea, es de mucho provecho haber tenido la experiencia del noviazgo para poder solventar aquellas cuestiones previsibles para cuando se fuera a dar la vida matrimonial.

Algunas causas del divorcio:

Con la intención de salvar los matrimonios, se han realizado muchos estudios acerca de las posibles causas del divorcio, a continuación veremos algunas de ellas.

La primera es la *transmisión hereditaria* de la inestabilidad conyugal, o sea, los hijos de divorciados se divorcian más que los que provienen de familias estables. Divorcio llama a divorcio, pues se tiene una actitud más "abierta" hacia el divorcio.

En segundo lugar está la creciente difusión del *trabajo de la mujer fuera del hogar*, aunque no está claro si el trabajo de la mujer fuera del hogar favorece el divorcio o si es simultáneamente causa y efecto.

Se observa que el divorcio es más frecuente en matrimonios en los que la mujer trabaja fuera del hogar.

En Tercer Lugar la sola *percepción de un riesgo de divorcio* en un matrimonio puede aumentar ese riesgo. Si los esposos empiezan a dudar de que su unión dure, ese escepticismo va a provocar que reduzcan el esfuerzo invertido en el matrimonio.

En cuarto lugar el *exceso de divorciados*. Con el aumento del número de divorciados en una sociedad, es más fácil encontrar una nueva pareja después de un divorcio. Mientras que en sociedades en las que el divorcio es excepción los divorciados están expuestos a grandes discriminaciones y por lo tanto no se animan a divorciarse.

En quinto lugar *la religión* también es un factor importante a considerar, señala un estudio realizado por una prestigiada Universidad. También matrimonios de parejas que cohabitan antes de casarse tienen entre un 40% y un 60% más de riesgo de acabar en divorcio.

En sexto lugar cuando *no se encuentra gusto compartiendo los momentos con la familia o el cónyuge*, la vida familiar se vuelve pesada y se comienzan a descuidar aún más los deberes familiares. Si sólo se encuentra disgusto en aquella vida familiar en la que se habían fincado las esperanzas, es probable que se inicie la búsqueda de compensaciones, desviadas de la propia familia. Y de ese apagar la sed en lo que no es su familia, nacerá un mayor disgusto, que resultará cada vez más costoso y antipático. Poco a poco, el cónyuge puede llegar a verse tentado por cambiar de vida, al tiempo que se agrandan las dificultades que, en circunstancias normales, se superarían con facilidad.

Estas situaciones que se dan en la vida familiar, se agravan cuando existe la posibilidad del divorcio. En la búsqueda de la felicidad esperada, muchas personas divorciadas vuelven a casarse, y una vez que tiene lugar el segundo matrimonio, es muy difícil que exista otra oportunidad para restablecer el anterior.

A primera vista, el divorcio parece una solución comprensible para las personas cuyo matrimonio ha fracasado y que desean casarse de nuevo; sin embargo, una mirada atenta enseña que, lejos de ser un remedio perjudica a las personas y aumenta los problemas, porque su sola posibilidad alienta las uniones poco profundas.

VI. El divorcio no es la solución

En todos los matrimonios hay altibajos y momentos de crisis. Pero estos momentos hay que superarlos con aguante y con virtud. El que vaya al matrimonio pensando que nunca tendrá nada que aguantar es un iluso. En todos los matrimonios hay algo que tolerar y no se soluciona, lo que es intrínseco a todos los matrimonios, haún cambiando de persona; pues no hay persona sin defectos. Y no se va a estar cambiando de persona en el matrimonio, como quien cambia de camisa.

La posibilidad del divorcio lleva al malestar familiar. El divorcio hace que los esposos difícilmente se soporten sus defectos, y con facilidad creen que cambiando de persona va a desaparecer lo que no puede desaparecer, pues es inherente a las deficiencias del carácter humano.

Una aventura amorosa de momento, puede parecer maravillosa; pero a la larga es fácil que caiga en las mismas dificultades que el matrimonio estable.

Es verdad que el divorcio podría solucionar algún caso concreto, pero es malo para el bien común; y el bien particular hay que subordinarlo al bien general.

Si la nación necesita autopistas, habrá que hacerlas,

aunque salga perjudicado un señor que tiene un huerto por donde tiene que pasar la autopista.

El divorcio, aunque solucione algún caso concreto, hace más daño a la sociedad, porque la posibilidad del divorcio es una invitación a que se rompan matrimonios que nunca debieron romperse. Todos los matrimonios tienen sus momentos de crisis, que deben superarse con amor y virtud; pero la posibilidad del divorcio facilita que en esos matrimonios se busque la salida fácil del divorcio con perjuicio de ellos mismos. Me dijo un señor: «Yo doy gracias a Dios de que la Iglesia no permita el divorcio por cualquier cosa, porque si yo hubiera podido haberme divorciado, en un momento de crisis por el que pasó mi matrimonio, lo hubiera hecho. Y hoy, superada la crisis, nos queremos muchísimo, me siento muy feliz con mi mujer y no podría vivir sin ella. Si entonces me hubiera divorciado, se la habría llevado otro, y yo la habría perdido».

Pero además no es solución lo que empeora una situación, sino lo que la remedia. Una solución que hace más daño que el mal que remedia, no es solución. Si se descubre una crema para quitar las pecas, pero que al mismo tiempo produce cáncer de piel, no interesa a nadie con sentido común. El divorcio más que un remedio al mal que se intenta atajar, se transforma en una puerta abierta a la generalización del mal.

Sobre todo, como es sabido, los grandes perjudicados del divorcio son los hijos, que necesitan de un hogar que los ame; y nunca puede ser lo mismo el amor que reciben de sus propios padres, que el que puedan recibir de la persona que ha sustituido a su verdadera madre o a su verdadero padre. Por eso se suele decir que **los hijos de los divorciados son «huérfanos de padres vivos»**; y esto es lógico que produzca en ellos traumas psicológicos y afectivos que los convierten en hostiles a la sociedad y en delincuentes. Los divorciados buscan egoístamente su libertad, pero a costa del bien de sus hijos.

El divorcio es un mal. Mal para los hijos como hemos visto. Mal para la mujer, que fácilmente quedará abandonada, y a partir de cierta edad, sin posibilidades de rehacer su vida con otro hombre. También mal para los maridos, que aunque de momento no es raro que una chica joven se enamore de un hombre maduro, a la larga se cansará del viejo, y se buscará otro más joven y a su gusto, y el marido «engañado». Y también mal para todos, porque según las estadísticas si el 80% de los delincuentes juveniles son hijos de divorciados, cada vez será más peligroso andar por la calle.

Cada cual es libre para casarse o no. Pero el que se casa, no es libre para cambiar la naturaleza indisoluble del matrimonio. No se puede manipular la institución del matrimonio, hecha para el bien común, a gusto de cada cual. Lo mismo que nadie puede cambiar a su gusto las normas y leyes de tráfico. Podemos salir a la carretera o quedarnos en casa, pero si salimos a la carretera, tenemos la obligación de someternos a las leyes de tráfico, puestas para el bien común. Lo mismo pasa con el matrimonio.

Cuando varón y mujer contraen matrimonio, acceden a una institución de la que brota para ellos un vínculo de carácter permanente. El matrimonio así contraído rebasa los intereses privados de los cónyuges y, aunque ellos fueron libres para contraerlo, no lo deberían ser para romper el vínculo que nació del mutuo consentimiento. El matrimonio estable es un bien para la sociedad.

VII. Cuestiones Bíblicas sobre el Divorcio

¿Qué dice la Biblia acerca del divorcio? ¿Cómo puede usted encarar el divorcio cuando cruza su camino? ¿Cómo puede ayudar a un amigo que está pasando por esta experiencia? Aquí le ofrezco algunas ideas prácticas acerca de este tema polémico.

Valoro a los conferencistas o escritores que dejan en claro cuál es su forma de ver el mundo. Mi cosmovisión es la bíblica. Usted podrá estar de acuerdo o no, y ciertamente lo respeto, pero ¿Podría alentarlo a considerar lo que los documentos bíblicos dicen sobre este tema?

El matrimonio tiene su origen en Dios, quien al crear al

hombre lo hizo una persona que necesita abrirse a los demás, con una necesidad de comunicarse y que necesita de compañía.

No está bien que el hombre esté solo, hagámosle una compañera semejante a él. (Gen. 2,18)

Dios creó al hombre a imagen de Dios, lo creó varón y mujer, y los bendijo diciéndoles: procread y multiplicaos y llenad la tierra. (Gen. 1, 27-28)

Moisés, el famoso liberador judío, explicó que Dios hizo a el primer hombre y a la primera mujer para que tuvieran un fuerte vinculo. "Por tanto", escribió Moisés, "dejará el hombre a su padre y a su madre, y se unirá a su mujer, y serán una sola carne".

Cientos de años después, unos líderes religiosos preguntaron a Jesús de Nazaret acerca del divorcio. Luego de citar la afirmación de Moisés, agregó: "Así que no son ya más dos, sino una sola carne; por tanto, lo que Dios juntó, no lo separe el hombre". Jesús tenía en gran estima el matrimonio: "Lo que Dios juntó", declaró, "no lo separe el hombre".

También Jesucristo explica a sus discípulos este origen divino del matrimonio: *¿No habéis leído, como Él que creó al hombre al principio, lo hizo varón y mujer? Y dijo: por ello el hombre dejará a su padre y a su madre, y los dos serán una misma carne. (Mt. 19, 4-6)*

Pero, si el divorcio está mal - respondieron estos líderes religiosos varones - ¿Por qué Moisés habló de cómo manejar ciertas situaciones de divorcio complicadas? Jesús explicó: "Moisés les permitió divorciarse de su esposa por lo obstinados que son. Pero no fue así desde el principio". Continuó diciendo: "Les digo que, excepto en caso de infidelidad conyugal, el que se divorcia de su esposa, y se casa con otra, comete adulterio".

Palabras fuertes. ¿Qué significan? Aun los fieles seguidores de Dios difieren en cuanto a si Él permite el divorcio, y bajo qué circunstancias. Un estudio profundo excede el alcance de este breve trabajo.

Estudié cuidadosamente la perspectiva bíblica sobre el divorcio y el nuevo casamiento. Y saqué en claro que la pareja debe iniciar el matrimonio para toda la vida, "hasta que la muerte los separe". Si surgen divisiones, la reconciliación siempre debe ser el primer objetivo. Si fracasa la reconciliación, veo dos bases bíblicas para el divorcio y el nuevo casamiento: el adulterio de un cónyuge y el abandono. El adulterio o el abandono no obligan al divorcio, pero lo permiten.

Capítulo 6

DIFERENCIAS ENTRE HOMBRES Y MUJERES

Sabemos que hombres y mujeres son iguales en dignidad y derechos. No hay un sexo superior o mejor que el otro. Sin embargo, hay distintas maneras de comportarse que generalizaremos a continuación sin pretender reducir la explicación a aspectos meramente biológicos o químicos. Todos somos individuos únicos e irrepetibles. La idea final es que aprendamos a respetar y a entender mejor a los demás y a nosotros mismos.

Como plantea el psicólogo John Gray, autor del libro Los hombres son de Marte, las mujeres de Venus, "los hombres y las mujeres no sólo se comunican de manera diferente, sino que piensan, sienten, perciben, reaccionan, responden, aman, necesitan y valoran de otra forma. Parecen proceder de planetas distintos".

ELLAS

Para empezar, y generalizando, se dice que esas famosas y a veces traviesas sustancias químicas llamadas hormonas, encargadas de producir el ciclo femenino; son una de las posibles culpables de los constantes cambios de humor. Durante su período fértil, las mujeres pueden ser los seres más optimistas del universo, pero conforme los días del ciclo van pasando, esta felicidad se trasforma en ansiedad, tensión y depresión, y aunque parezca extraño, es precisamente esto lo que enriquece su personalidad y su vida.

El tener un instinto maternal las hace seres sensibles,

detallistas, capaces de comprender intuitivamente, de adivinar las necesidades del otro y de acoger a los demás con afecto y ternura.

Y si las ven como merolico no es por otra cosa, sino por su gran necesidad de expresar los sentimientos. Pues sí, ¡así como suena!, las mujeres necesitan sentirse aceptadas, pero sobre todo, ser escuchadas. Sólo eso, si los hombres supieran que basta con oír sus "quejas" sin sentir que por ello están reclamando una solución, muchos problemas se evitarían. Las mujeres liberan la tensión hablando. Es algo así como una especie de terapia que las reconforta y les da nuevos ánimos.

ELLOS

De los hombres en general, también se dice que no se escapan de los efectos de la química. En ocasiones, la testosterona (hormona masculina) es la responsable de su estabilidad, ya que si se tiene una producción constante, esto puede contribuir para que tengan reacciones más controladas y que su estado anímico no sufra grandes variaciones.

El ser masculino requiere de lucimiento personal, podría decirse que dentro de cada hombre hay un pequeño pavo real al que le gusta lucirse cuando sabe que lo están viendo. La verdad es que ellos tienen una gran necesidad de autoafirmación (de ahí que sean tan competitivos). Les encanta ser respetados y admirados, pero eso sí, jamás corregidos; sentir que tienen el control, dar órdenes.

Y qué decir cuando llegan los problemas... Los hombres se encierran en su "cueva" y no salen de allí hasta que no encuentran una solución (ellos solos, por supuesto). Para el hombre, hablar por hablar de sus problemas, no representa ningún alivio ni tiene sentido.

En su mentalidad hablar de un problema equivale a pedir un consejo, y como es autosuficiente, prefiere arreglárselas solo y sin abrir la boca. Si no encuentra una salida, prefiere evadirse sin darle muchas vueltas al asunto.

¿Sabía que incluso el cerebro funciona diferente en

hombres y mujeres?

El cerebro humano está dividido en dos hemisferios: el izquierdo y el derecho. El izquierdo controla todo lo que corresponde al pensamiento lógico y racional, mientras que el derecho tiene que ver con las emociones, la creatividad, la fantasía y lo subjetivo.

Los seres humanos combinamos la información que nos proporcionan ambos hemisferios y así conocemos. Pero este proceso es diferente en hombres y mujeres.

Cheque esto...

Hombres... Ellas dicen que Dios los creó primero porque "echando a perder se aprende". son unos "insensibles", incapaces de escuchar e insoportables a la hora del fútbol; no toleran un consejo pero siempre están diciendo qué hacer a los demás, son competitivos y autosuficientes, no comparten sus problemas y las hacen a un lado cuando se trata de resolverlos.

Hombres... ¡definitivamente seres de otro planeta!

Mujeres... ¿Quién puede entenderlas? Ellos se rompen la cabeza tratando de hacerlo y llegan siempre a la sabia conclusión de que son incomprensibles. En un momento están felices y al instante se sienten los seres más desdichados del planeta; siempre están hablando como cotorras, contándole a todo el mundo sus problemas, pero cuando ellos tratan de darles alguna solución saltan como leonas enfurecidas y dicen ¿quién te pidió tu opinión?

Mujeres... ¡definitivamente seres de otro planeta!

Ellas:

Las mujeres tienden a trabajar con ambos hemisferios simultáneamente. En otras palabras, nunca independizan los procesos racionales de las emociones. Por eso no le sorprendas de que cuando hablen con alguien, estén poniendo atención no sólo a lo que les dicen, sino también... a la expresión y los gestos con que lo hacen, a la espinilla que tiene en la cara su interlocutor, a la ropa que trae puesta, la forma como mueve las manos, el estado del clima, etc.

Si se has fijado, las mujeres pueden estar en muchos canales al mismo tiempo y por eso pueden ser tan detallistas, intuitivas, sensibles y, por qué no decirlo, en muchos casos, también chismosas. Uppss!!!

También tienen una gran capacidad para fantasear y es por eso que se arman ellas solas unos noveloooones dándole vueltas y vueltas a lo mismo.

Está demostrado que la mujer procesa con mayor rapidez los estímulos sensoriales y verbales, lo cual le da una gran capacidad para relacionar, percibir y comunicar, tanto la información verbal como la no verbal, así como las emociones. Su estrategia es la persuasión por la vía indirecta... así como quien no quiere la cosa. No en vano dicen que "el hombre lleva los pantalones, pero del color que la mujer quiere".

Ellos:

Los hombres son más dados a trabajar con un solo hemisferio a la vez. Por eso tienden a no mezclar la razón con las emociones, como lo hacen las mujeres. Esto los hace más racionales y "fríos" a la hora de tomar sus decisiones, pero también menos capaces de explorar, reconocer y expresar sus sentimientos.

Ellos no se enrollan dándole vueltas a las cosas, no se complican la vida, simplemente extraen lo esencial sin fijarse mucho en los detalles. Por eso, cuando hablan con alguien, no esperes que te digan como andaba de ánimo esa persona y, menos aún, qué ropa traía puesta...

Ellos prefieren resolver uno a uno sus problemas, y cuando centran su atención en algo, no les gusta que los distraigan... (Por eso es mejor no interrumpirlos mientras ven el fútbol o la televisión).

De acuerdo con estudios científicos, el cerebro masculino está organizado de manera más compacta y eficiente para el procesamiento de información visual y espacial así como para el razonamiento matemático. De ahí que tiendan a ser más analíticos, amantes de cálculos, fórmulas y deducciones.

RESUMIENDO

Ellos

* Más lógicos y analíticos.

* Son más racionales y a la vez, más idealistas.

* Ocultan sus emociones.

* Buscan ser respetados.

* No les gusta perder el tiempo en explicaciones.

* Más fuertes y vigorosos.

* Les gusta competir.

* Autosuficientes.

* Les encanta tomar decisiones.

* Son más impulsivos.

* Son más agresivos y ambiciosos.

Ellas

* Son más intuitivas.

* Son más realistas.

* Expresan sus emociones.

* Buscan ser aceptadas.

* Necesitan ser escuchadas.

* Tienen mayor capacidad para aguantar el dolor y enfrentar el sufrimiento.

* Más sentimentales.

* Les gusta incentivar.

* Más detallistas.

* Imaginativas y fantasiosas.

* Son más reflexivas y profundas.

CONCLUSIÓN GENERAL

Hombres y mujeres... definitivamente dos mundos distintos, que por opuestos, se atraen y se complementan. Después de todo, el problema no es que haya diferencias, sino desconocerlas.

Capítulo 7

Consejos para Salvar su Matrimonio

I. Mirarse en el espejo

Muchas veces creemos que las raíces de nuestros problemas están en los otros. ¿Va mal el matrimonio? Acusamos al esposo, a la esposa, a los suegros, a los hijos. ¿No funciona nuestra empresa? El culpable es el jefe, o un compañero desleal, o el Estado con sus impuestos. ¿Estamos deprimidos? La culpa es de la contaminación, del agujero de ozono, de los cláxones de los coches. ¿Estamos de mal humor? En las mil dificultades de la vida siempre podemos señalar, con el dedo de la memoria, a un culpable fuera de nosotros.

No siempre nos damos cuenta de que podríamos dar un vuelco radical a muchos problemas si nos mirásemos en el espejo. Tras una discusión familiar, me veo y me pregunto: ¿qué parte de culpa tengo en el problema? ¿Cómo puedo actuar para que la solución empiece a ser realidad? Es muy cómodo sentarse ante la televisión y acusar siempre a la esposa o al esposo. Es difícil pensar en serio, si no hay algo que dependa de mí y que pueda mejorar mucho las cosas o, al menos, hacer más llevadero un momento de conflicto.

Muchos matrimonios fracasan precisamente porque se espera que la otra parte cambie. La suegra o el suegro deben portarse bien. El esposo debe llegar a tiempo al hogar. La esposa debe gastar menos; cocinar mejor o tener más limpia la casa. Los niños deben estarse quietos todo el día en su cuarto y portarse como muñecos de escaparate... Siempre pensamos en los otros. De nuevo, miremos al espejo: ¿no puedo cambiar mi actitud ante este problema? Quizá mi esposo no va a dejar de ser como es, o la suegra tiene ya una personalidad calcificada. ¿Hay algo que dependa de mí y que me permita salvar un amor matrimonial que quiero, de verdad, constante y limpio?

No todos, ciertamente, tienen "madera de héroes". Hay situaciones que son insoportables. Pero otras se podrían arreglar con un poco de buena voluntad, una palabra a tiempo para aclarar la situación, y algún espejo con el que hablar de vez en cuando. Es hermoso ver a parejas que no sólo han sobrellevado un problema grave (no tener hijos, o tener un hijo con discapacidad, o sufrir por culpa de un familiar realmente pesado), sino que han sabido salir airosas y han crecido en el amor. Cada uno se miró en el espejo y puso lo que estaba de su parte para que la situación no explotase. Otros, en cambio, han fracasado, simplemente porque acusaron completamente a la otra parte y sólo pensaron en sí mismos como víctimas.

Es bueno mirarse al espejo. Y las soluciones, aunque cuesten, se pueden encontrar con un poco de ingenio y un mucho de amor.

II. Recuerda "Prometo serte Fiel" En el matrimonio, jugamos en el mismo equipo. Prometo no bajarme del burro.

¿Qué fue lo que prometimos? "Prometo serte fiel".

Lo importante es saber traducir ese "prometo serte fiel". No nos referíamos solamente a la fidelidad en cuanto a que nunca comenzaríamos una relación sentimental, seria o superficial con otra persona por un momento o para toda la vida. Significa muchísimo más.

Prometo llevar bien puesta la camiseta del equipo, tirar en la misma dirección y defender nuestra portería. A veces me he topado con un hombre o una mujer, que sólo viendo cómo se comporta con la persona a quien dice que ama, me dan ganas de preguntarle: ¿tú, para dónde tiras?

Si los dos tuvieran puesta la camiseta del mismo color y "se pasaran el balón", meterían goles, alcanzarían metas, jugarían en equipo y así harían la vida más simple y tendrían la felicidad más a la mano.

Pero uno parece ser delantero de un equipo y el otro defensa del contrario: se estorban en las jugadas, se cometen frecuentes faltas, se ignoran. Algunos parecen estar buscando la tarjeta roja ¡después de haber visto no una sino mil veces la amarilla!

Esto no debe suceder en el matrimonio. "Amarse no es mirarse uno al otro, sino mirar en la misma dirección". Tirar en la misma dirección. Amarse es tener una meta común y unos mismos ideales, y eso debe reflejarse en los acontecimientos de la vida diaria. Amarse es mirarse uno al otro con comprensión, respeto y con capacidad incluso de diferir.

"Prometo no bajarme del burro". Le explico de qué se trata: en mis años de estudiante, paseaba en una ocasión por un pueblo en la Sierra de Arteaga Coahuila, en el noreste de México, y me encontré a un pastor con quien entablé una interesante conversación debajo de un cobertizo, pues llovía a cántaros. La recuerdo como una charla muy amena. En un determinado momento le pregunté cuántos años tenía de casado, a lo que respondió:

-"¿Cómo ves? Tenemos treinta años de casados y no nos hemos bajado del burro".

La expresión realmente me encantó. Si él hubiese dicho, "no nos hemos bajado del tren... o del caballo", hubiese sido diverso. El caballo sugiere libertad, velocidad, crines al viento... En cambio dijo: "no nos hemos bajado del burro".

En el burro, como en el matrimonio, a veces se va hacia adelante, a veces hacia atrás, a veces rebuznando... a veces, el animal, -me refiero al burro- como que no se mueve. Así es en el matrimonio. A veces para atrás, a veces para adelante, a veces rebuznando... pero siempre los dos en el burro. ¿Qué importa por dónde y cuánto haya costado mientras hayan ido juntos, en la misma dirección, apoyándose, acompañándose, amándose?

"Prometo buscar tu realización, tu felicidad".

Si prometiste serle fiel, te comprometiste a buscar su felicidad, ya que la fidelidad no puede reducirse a no fallarle en el sentido de nunca enamorarte de otra persona. Eso es más que nada una obligación, un requisito y algo que deberían dar por supuesto.

"Prometo serte fiel", es llenar las expectativas que tenían el uno sobre el otro cuando eran novios. "Desde que nos vimos y pensamos en unirnos para toda la vida, pensamos que juntos seríamos felices y desparramaríamos esa felicidad en nuestros hijos. Si queremos sernos fieles, tenemos que hacer realidad ese sueño que tuvimos desde el inicio".

No voy a olvidar jamás esa escena de la película "Los Puentes de Madison" en la que ya casi al final de la vida, el marido, muriendo en la cama, llama a su esposa y le dice más o menos lo siguiente:

-"Fanny, yo sé que tenías tus propios sueños e ilusiones en la vida, perdóname por no haberlos hecho realidad".

La mujer simplemente lo besó en la frente e hizo un gesto de resignación.

Es tan fácil hacer felices a los demás cuando uno se lo propone, que sinceramente, honestamente, para no lograrlo, se necesita ser de verdad egoísta.

Cuando prometieron ser fieles, entre otras cosas, prometieron buscar con tesón la felicidad del otro, pues la fidelidad no es sólo cuidar que no haya engaños, sino que apunta a todo un proyecto de vida. De hecho, y aunque no es el ideal, hay matrimonios en los que, uno de los dos, por descuido, ha caído en una infidelidad. Pero como siempre ha buscado hacer feliz al cónyuge, este error -por más grave que sea- no es más que una mancha en una pared llena de luz. Desde luego que no es el caso de la persona descuidada, sensual,   irresponsable,   que   frecuenta   ambientes inconvenientes y que trata con personas del sexo opuesto sin ningún pudor y sin respeto. En una persona así, la caída siempre será inminente e injustificada. El derrumbe comenzó desde que se descuidó en su conducta ordinaria.

"Prometo serte fiel", es decir, también, "prometo hablar bien de ti". "Lo que tenga que decirte, te lo diré a ti, para ayudarte, con amor y por amor. No se lo diré a mi mamá ni a mis hijos, menos a mis amigas en un desayuno. Prometo hacer crecer tu fama dentro de lo más íntimo que tenemos que son nuestros hijos, padres, hermanos y también nuestros amigos. "Me esforzaré para que ellos siempre tengan una buena imagen de ti. Sólo escucharán cosas positivas acerca de quién y cómo eres tú. Estarán orgullosos de nosotros".

Finalmente, "prometo serte fiel", ahora sí, significa "que no te cambiaré por nadie. No te quiero para un amor intermitente u ocasional, ni como un amor de paso".

Estas promesas que hicieron cuando se casaron, además tienen dos especificaciones que deben considerar como muy importantes y darles su sentido propio, porque de verdad, parece que no todos las han entendido. Cuando se da una infidelidad en el matrimonio por parte de quien sea, y el cónyuge decide que "esto es lo único que no está dispuesto a perdonar", y que "ahora sí se acabó todo", es simplemente porque no ha entendido qué fue lo que prometió. ¿Cuáles son esas dos especificaciones?

1ª. En lo próspero y en lo adverso.

Hay quienes creen que lo próspero es tener dinero mientras lo adverso se identifica con todo tipo de carencias económicas.

Muchas parejas tienen los recursos necesarios para vivir felices y sin embargo no alcanzan la felicidad porque ésta se compone de muchos otros factores que ellos no han logrado completar.

Lo próspero es efectivamente cuando todo va bien. Como se suele decir: "viento en popa". Hay algo de dinero, tienen su propia casa, no hay grandes intromisiones de la suegra, siguen teniendo más o menos las mismas aficiones y casi idénticos gustos, no se han desgastado con el tiempo, hay armonía, diálogo, intimidad.

Cabe añadir que en el matrimonio, los problemas son una oportunidad maravillosa de crecimiento. Este debe ser un camino de crecimiento, y para eso necesitan aprovechar todas las oportunidades.

En el matrimonio, lo adverso puede ser: dificultades en el campo económico, la pérdida del trabajo o el fracaso rotundo en el negocio, la intromisión indeseada de algún familiar político en el propio hogar, la llegada de los niños quizá demasiado rápida, la enfermedad de uno de ellos que acusa gravedad… Y, ¿por qué no? el hecho mismo de que el amor que sentían el uno por el otro ya no sea como era en el noviazgo, o al inicio del matrimonio.

2ª. En la salud y en la enfermedad.

"Prometo que en la salud, te aplaudiré, te proyectaré, te acompañaré y apostaré por ti. No estaré celoso de tus triunfos, ni permitiré que me afecte el que tú seas más que yo a los ojos de los demás".

En la enfermedad, prometes que estarás a su lado. Pero cuando prometiste esto, no te referías a enfermedades que se arreglan con un suero, ni aun con una enfermera de cabecera. Te referías a enfermedades más profundas, más complicadas, con alcances más intensos, como el alcoholismo, el desánimo, la pérdida del sentido de esta vida o enfermedades "del corazón" o del carácter.

Tú un día puedes llegar a dejar de amarlo (la) y es entonces cuando debes demostrarle que prometiste serle fiel. Es precisamente en estos momentos -de enfermedad "del corazón"- cuando puedes probar tu fidelidad. Qué fácil era cuando todo marchaba bien, cuando parecían competir en el darse cariño.

La fidelidad se demuestra en la prueba y en el dolor, y quizá no haya prueba más grande para una persona que ama de verdad, que el sentir que no es correspondida y que no es amada con la misma intensidad. Ante un problema de esta naturaleza, se puede reaccionar de dos maneras: pagar con la misma moneda, que no sería ni amor ni fidelidad, o **luchar con todo el corazón por recuperar ese amor que se está apagando o se ve casi perdido.**

La fidelidad sólo acepta este segundo tipo de actitud. "Si te pierdo, lucharé por reconquistarte, ése será mi programa".

"Si la enfermedad es grave y llego incluso a perderte definitivamente, seguiré siendo tuyo, y tú seguirás siendo parte de mi proyecto de vida". El hecho de que uno de los dos haya fallado, no implica que el otro deba fallar también. "Lucharé por reconquistarte", como se ve en algunas películas o novelas, sólo que aquí es de verdad: no hay actores ni música de fondo ni paisajes bonitos... sino sacrificio y mucho valor para reconquistar el amor que una vez iluminó la vida y del que surgió la familia que ya existe.

Recuerdo a ese general francés, que después de la segunda guerra mundial fue requerido en el partido comunista. Con el aumento de sueldo y por participar de tantos beneficios que le ofrecieron, abandonó a su mujer de treinta y siete años, con siete hijos, y se marchó de la casa.

Lógicamente pronto encontró a otra y así continuaron sus vidas por separado. Pasaron veinte años y dicho partido nunca terminó de consolidarse bien, hasta que finalmente se disolvió. Muchos que habían gozado de los beneficios de la organización, pronto se vieron en la calle, sin dinero, sin familia *y sin amantes, que son las primeras en irse cuando falta todo lo demás.* Cansado, solo, ya acabado, vuelve un día a su casa, toca la puerta y le abre su mujer. Una esposa también cansada, que había sacado adelante a todos sus hijos, sola.

Una madre heroica.

- "Quiero hablar contigo"- le dice.

-"Pasa"- abre la puerta y dibuja en el aire con su mano el ademán de "adelante".

Pero él se da cuenta de que está la mesa puesta con dos lugares, y titubeando le dice:

-"Perdona, no quiero importunar, ¿estás esperando a alguien?"

-"Sí -responde segura y sin dejar de mirarlo a los ojos- desde hace veinte años todos los días la mesa ha estado puesta para dos, porque te sigo esperando".

Lo más probable es que los sentimientos de esta mujer no fuesen tan favorables. Podemos incluso imaginar que ella hubiese querido golpearlo o que debió azotarle la puerta al instante sin permitirle no sólo entrar a la casa, sino tampoco entrar a un hogar que comenzaron los dos pero que sólo ella de verdad construyó.

Este relato no tendría ningún valor si no fuera histórico.

Lo que lo hace grande es precisamente que sucedió. Es una mujer que sacó adelante sola a siete hijos y que se sobrepuso al orgullo y a un explicable rencor. Una de esas personas que tienen muy claro que el matrimonio es para siempre. Ella quizás pensaba: "él me dejó, pero yo no lo puedo dejar, *porque Dios me lo dio, y por él tengo que responder".*

Ella sabía lo que era un compromiso con Dios, con un hombre y con unos hijos.

En una ocasión, una señora me vino a ver y me dijo:

-"Mi único problema es que odio a mi marido.

Yo pensé: "pequeño detalle".

- Me dejó hace cinco años. Ni quiero, ni puedo verlo".

Comprendí que la dificultad era muy grande y le ofrecí una solución más para ella misma que para su matrimonio:

-"Señora, lo que usted necesita es un cambio de mentalidad. Renueve el compromiso que hizo hace treinta años: rece por él, de vez en cuando escríbale, preocúpese en la medida de sus posibilidades por él, aunque ya nunca puedan volver a reunirse. Usted será más feliz amando con un amor realmente heroico, que dando rienda suelta a odios estériles. **El amor siempre nos deja algo, nos lleva a algo, produce algo. Del odio sólo germinan rencores, soberbia, impaciencias, insatisfacciones y un sin número de frustraciones,** pues nuestro corazón fue hecho para amar. Ir en contra del amor es luchar contra nosotros mismos".

Desgraciadamente muchos matrimonios se romperán porque nunca se entendió que la fidelidad que se prometieron al inicio, debería ser, como los mejores relojes, "a toda prueba". Así es, a prueba de todo, incluidas la peor enfermedad, la más tremenda crisis y el más injusto adulterio.

III. En tiempo de tempestad: silencio y paciencia

Para muchas parejas, el matrimonio ha dejado de ser una realidad gozosa y gratificante. Por otra parte la cultura postmoderna está demoliendo los valores conyugales promoviendo uniones espontáneas y transitorias sin compromiso alguno. No cabe duda de que la institución matrimonial está atravesando una profunda crisis.

Toda convivencia está sujeta al desgaste.

La separación de un matrimonio presupone el fracaso matrimonial, la pareja ha fracasado porque dejaron morir el amor. En el fondo de todo fracaso matrimonial hay un problema de perdón. Al no saber perdonar, la acumulación del rencor lo llevó a una situación insostenible.

Unos de los **principales problemas** que se presentan en un matrimonio son:

Adaptación

No se trata precisamente de tolerar o comprender a su pareja. Se trata de un proceso complejo de adaptación. Todos los esposos tienen rasgos negativos de personalidad. Para adaptarse, necesitan sacrificarse o morir a aquellos rasgos que hieren o incomodan al otro cónyuge en la convivencia diaria para evitar roces, choques. Adaptarse es amar y amar es adaptarse, para adaptarse los esposos tienen que sacrificar ciertos rasgos negativos. Amar es morir un poco. Se adaptan porque se aman.

No se anula la propia personalidad sino que la enriquece.

Falta de tiempo

Estamos acostumbrados a correr en la vida, nos falta tiempo para todo.

Los mejores momentos de la historia de los matrimonios son aquellos en los que los esposos estuvieron mutuamente presentes.

Efectivamente la vertiginosa vida actual hace que los esposos estén **distantes físicamente y la distancia corporal se traduce en distancia mental, de ahí sobreviene el divorcio** de los corazones, y muere el amor.

Problemas sexuales

Estos problemas se derivan normalmente de una convivencia conflictiva. Allá donde se da el rencor, el enojo, la ira. Para solucionar los problemas sexuales, a nivel conyugal, no hay otro camino sino el avanzar hacia una vida conyugal plena de armonía.

¿Qué hacer entonces para que el amor amanezca todas las mañanas con cara nueva?

¿Cómo evitar ser devorados por el desencanto? ¿Cómo dejar fuera de combate al enemigo fundamental del amor que es el egoísmo?

¿Qué hacer para mantener alta y viva la llama del amor en las largas noches de invierno?

¿Cómo evitar que los cónyuges vivan juntos, pero distantes?

Primero: cultivar el amor como se cultiva una tierna planta.

Segundo: en tiempo de tempestad, silencio y paciencia.

Tercero: diariamente abastecer de aceite la lámpara del amor a base de pequeños detalles.

IV. Manejo constructivo de una situación conflictiva

Supongamos que vas un día en el metro de una ciudad, a la hora pico, cuando los vagones están llenos hasta los topes. Después de mucho esfuerzo logras meterte a empujones. Todos van apretujados como sardinas. De repente, en un movimiento brusco del tren, **una señora, que está delante de ti, clava, sin querer, su tacón en tu pie.** Veamos ahora los diversos desenlaces que esta situación puede tener y tratemos de aprender algunas cosas sobre la comunicación en una situación de conflicto.

a) El dolor, es dolor venga de donde venga

Obviamente la situación del pisotón duele. Sin embargo, la señora lo ha hecho sin querer. Pero, no obstante esta buena intención de la señora (o, más bien, falta de mala intención), la molestia y el dolor son muy reales. Igualmente en el matrimonio, hay situaciones donde, sin querer, hacemos cosas que hieren a la otra persona. Pero la ausencia de mala intención no quita los efectos reales que la otra persona está sintiendo.

¿Qué haces con el dolor que sientes? Lo puedes "aguantar" en silencio, ciertamente. Pero, lo más normal cuando sientes dolor es quejarte, expresarlo. En este caso seguramente dirás: "Señora, me está Usted pisando y me está doliendo". Pensando en el matrimonio, es inevitable que los esposos rocen algunas veces dado que se trata de una convivencia íntima, permanente y entre dos personas tan diferentes. Ahora bien, en el matrimonio es muy importante poder decir "tal cosa me molesta". Saber soportar contrariedades sin quejarse es una gran virtud y hablaremos de su necesidad en otra parte. Pero, hablando en plan menos heroico, es igualmente necesario que haya un clima de confianza en el que se pueda decir que algo molesta, si es el caso.

A veces no se hace porque queremos mantener la compostura. A veces no lo decimos porque hay una especie de miedo a lo que la otra persona vaya a pensar. Además, en nuestro mundo de hoy, casi nadie tiene tiempo para escuchar a fondo nuestros problemas. En fin, es una buena prueba para medir la calidad de confianza de una relación ver si pueden decirse (si quieren) todo aquello que molesta, preocupa o, simplemente, da tristeza. Cuando no existe este clima de confianza y libertad algo importante está faltando. Tal vez es el comienzo del desierto árido y extenso que se va a ir formando entre las personas.

b) Primera respuesta equivocada: insistir en tu inocencia

Para que pueda existir el clima de confianza que permite poder decir lo que nos pasa, es importante la reacción que expresamos cuando alguien nos manifiesta dolor o cuando nos "acusa" de estar haciendo algo que no es de su agrado. Muchas veces hay respuestas equivocadas y, entonces, se arruina todo el diálogo. Siguiendo con el ejemplo del tren veamos cómo no debe ser y cómo debe ser la conducta en tales situaciones.

A tu queja "Señora, me está pisando" ella puede responder "¿De qué te quejas? No lo estoy haciendo a propósito". Esta es la reacción más común cuando los que viven con nosotros nos dicen algo negativo; sentimos que nos están acusando de hacer el mal y de ser malos. Instintivamente nos defendemos declarando nuestra inocencia, nuestra bondad interior y creemos que, con esta declaración de inocencia, la otra persona debería quedarse tranquila. ¿No es esta la reacción que se revela en los siguientes casos?

* Mi mujer frecuentemente me deja el coche sin gasolina sabiendo que no es fácil que llene el depósito por la mañana. Luego se molesta cuando le llamo la atención porque dice que "se le olvidó" y no lo hizo a propósito.

* Un día de su cumpleaños le pregunté por la mañana si vendría a comer o si sus compañeros de trabajo le habían planeado alguna fiesta. Me contestó que comería con nosotros. Pero sus compañeros de trabajo le llevaron a un restaurante y nos dejó esperando hasta las nueve de la noche. Dijo después que no pudo llamar a casa. Luego dijo que "no era para tanto" cuando se lo reclamé fuertemente por la noche.

En todos los casos que hemos visto podemos decir que casi nunca se da la mala intención de hacer sufrir a la otra persona o de fastidiarla. Casi siempre habrá una razón que explique (¿justifique?) las acciones. Pero -y esta es la lección que hemos de aprender- cuando una persona está molesta no quiere oír cuáles fueron las intenciones del otro sino que quiere que se le preste atención, y que se quite aquello que le provoca dolor.

Una vez más repito la idea de fondo de estas páginas: si quieres tener un amor delicado debes estar atento a lo que puedes hacer sufrir a la otra persona. Aunque tú no tengas ninguna culpa, sí puedes ser la ocasión o parte de la causa. Recordemos, pues, que debemos estar atentos a lo que ocasionan nuestras palabras y acciones fijándonos en los efectos que ha producido en la otra persona y no sólo en las intenciones personales que serán, normalmente, buenas.

c) Segunda respuesta equivocada: contraatacar

Otra posible reacción a la persona que nos "acusa" es la de contra-atacar. La señora del tren te puede contestar: "¡ah, qué delicadito es! ¡Por qué con tan poco se queja!",

"¿quién le manda venir al metro en sandalias?". Esta manera de responder es una estrategia de defensa: se trata de invertir el ataque. Lo que se hace aquí es decir a la persona que sufre que no debería sentirse tan mal: ¡total es sólo el tacón! ¡No es para tanto! ¡Es solo una gota! Esta manera de defenderse es muy nociva para la relación. En realidad estoy diciendo que, "el problema no soy yo y mi pisada, sino eres tú, por lo sensible y delicado que eres". ¿No es esto lo que aparece en la respuesta del siguiente caso?

* ¡Al hablar con él de algo serio e importante para mí su único comentario es "¡mira!, mira!, ¡mira!". Quizá nos encontramos en distinta frecuencia de comunicación. El está en el nivel gracioso y yo no.

Es increíble, pero esta táctica se usa mucho en las relaciones humanas y en el matrimonio: "Ay sí", "qué exagerado eres", "mira cómo se comporta tu hermana en situaciones peores", "estás mal acostumbrada", "deberías fijarte en todo lo que te doy", "estás loca". Respuestas de este tipo causan mucha rabia interior en la persona que está "sufriendo". Es negarle el derecho de sentir lo que está sintiendo y... esos enfados son las gotitas que van cayendo en el vaso.

Lo útil aquí es darnos cuenta de que contestando de esta forma no se va a mejorar la comunicación. Tal vez la discusión se termina, pero el vaso se va llenando porque la persona herida va guardando y acumulando su problema. Tampoco es constructivo refugiarse en el silencio o negarse a discutir el tema. Esto es sólo la táctica del contra-ataque camuflada. Así no corre la sangre de la comunicación. Al contrario, se le pone obstáculos.

* Estábamos hablando sobre un problema relacionado con nuestra familia política y por enésima ocasión se cerró dando respuestas infantiles y absurdas. Terminamos muy molestos y distantes.

* Nuestro vaso se derramó cuando, después de hablar media hora, no pudimos ponernos de acuerdo sobre qué hacer el fin de semana.

d) Pasos para una respuesta sana y constructiva

¿Cuál es la respuesta sana y honesta a situaciones como aquella imaginada en el tren y como tantas otras que son muy reales en el matrimonio? Tratemos ahora de establecer unas pautas positivas.

* Que haya confianza para expresar el problema, el "dolor". Con esto le estamos diciendo a la otra persona que reconocemos sus sentimientos tal como son y le damos el derecho de sentirse así: "¡no eres malo, ni egoísta, ni loco por sentir lo que sientes!"

* No debemos reaccionar protestando nuestra inocencia, ni contra-atacando tratando de hacer ver que, en el fondo, el problema se debe al otro. Al contrario lo escuchamos atentamente.

* Solicitar más información. Que la persona nos explique bien lo que le está pasando, porque queremos entenderla a fondo. Esto es importante también para no imaginar más de la cuenta. Queremos conocer detalles que concreten el problema, etc. Este es el momento de una verdadera escucha que consiste en comprender y, por tanto, en no juzgar ni etiquetar. Este último punto es sumamente importante. Muchas veces los problemas serios nacen no por lo que se sufre sino por que se sufre sin la comprensión de la pareja. Cuando hay comprensión somos capaces de sufrir mucho sin hacernos daño.

* Reconocer la parte que hayamos tenido en la situación conflictiva que está molestando, aunque no hayamos tenido ninguna mala intención de dañar a nadie. Aquí radica una de las dificultades mayores cuando alguien nos "acusa". Debemos ser capaces de distinguir entre ser culpables y ser responsables de algo. Culpables seríamos si lo hiciéramos con mala intención. Pero, sin ser culpables, podemos ser, en parte, responsables de un mal. Por ejemplo, si el freno de mano de mi coche se rompe por la noche y choca contra el del vecino, soy responsable del asunto, pero no culpable. Y si quiero tener buenas relaciones con él debo afrontar el problema y no

precisamente atacando y diciendo "¿por qué no te estacionaste al otro lado de la calle?"

* Asegurar a la otra persona nuestro amor por ella. En el matrimonio esto significa asegurar al cónyuge que lo amamos y que la última cosa en el mundo que quisiéramos hacer es hacerle daño. Asegurar así nuestro amor a la otra persona es sumamente importante cuando hay una situación de conflicto. Es como tender una red de seguridad que hace más fácil construir el puente y buscar las soluciones.

* Decirle también que vamos a hacer todo lo posible por quitar lo que le está lastimando. Esta promesa es lógica.

* Sin embargo, muchas veces no se pueden eliminar todos los motivos de preocupación, de dolor. En la vida matrimonial hay mucho que soportar. Por ejemplo, tomemos el caso de una esposa que "sufre" mucho por el horario de trabajo de su marido, porque casi no lo ve y le tiene que esperar hasta tarde todas las noches, lo cual le pone nerviosa porque le da miedo estar sola en casa. Se queja de la situación. Si el esposo no está atento podría dar cualquiera de las respuestas ya mencionadas: "yo no te lo hago a propósito" y, por tanto, "tú no deberías estar molesta"; "no es para tanto, hay mujeres que tienen que aguantar cosas mucho peores: yo, por lo menos estoy trabajando". Con esto, implícitamente, le estaría diciendo: "por tanto, el único problema aquí eres tú".

La respuesta correcta será una actitud de escucha de los sentimientos de la mujer en un clima de verdadera comprensión, luego un análisis de la situación con el afán de eliminar lo que molesta. Si no se puede eliminar el problema, porque es el único modo de ganar el pan para la familia, entonces se hará una llamada a la capacidad de la esposa para soportar la situación. Pero es muy diferente sobrellevar algo cuando hay comprensión que cuando no la hay. De nuevo, el problema no es la montaña que hay que escalar sino la piedrecilla del zapato: en este caso la piedrecilla podría ser la de sentirse sola, incomprendida y no escuchada.

Desde luego, el matrimonio exige valentía, sacrificio de uno mismo y capacidad de aguante. Yo creo que en la mayoría de los matrimonios existe esta disposición, este amor fuerte, capaz de gran entrega. Lo que aquí estamos tratando de recalcar es que no se debe dejar escapar esa reserva de amor por ciertos agujeros -desgastes emocionales- que se hacen imperceptibles y se agrandan con el tiempo cuando no los curamos.

* Una consideración final. Una comunicación capaz de un diálogo de este tipo presupone una madurez en las personas. Esta madurez les prohíbe usar lo que se dice como arma en discusiones posteriores. Por ejemplo, si un esposo admite que habló en tono fuerte, esta admisión nunca debe ser usada después en su contra:

* ¡"Ya ves, tú me lo prometiste!". Actuar así perjudicará la confianza en el futuro. En efecto, una de las razones por las cuales no solemos reconocer nuestra parte en los problemas es porque con ese reconocimiento franco nos estamos exponiendo: aceptar una limitación, reconocer una ignorancia, admitir una falta de control, etc. es algo que puede ser usado en nuestra contra más adelante. Por eso preferimos no bajar la guardia. No quiero oír después a la otra persona decirme:

* ¡Menos mal!, Ya era hora de que entrara en tu cabeza que te falta finura; hasta tú mismo lo reconociste. Tú mismo me das la razón.

Temeroso de este efecto "boomerang" preferimos mantener la postura de que "yo no tengo la culpa de tu problema" y así no doy armas al "enemigo", pero estaremos colaborando a que el vaso se llene y un día pueda derramarse.

V. Como fortalecer su relación conyugal y enfrentar y vencer problemas matrimoniales.

Constantemente las parejas me solicitan consejo para sacar adelante su casi hundida relación matrimonial. Cierto es que los problemas maritales no son exclusivos de este nuevo siglo o de fines del pasado; sin embargo, es paradójico que las relaciones de pareja se encuentren sumamente frágiles a pesar de la gran cantidad de libros, cursos e incluso pláticas prematrimoniales que la mayoría de las iglesias exigen a los aspirantes a casarse. Esta problemática no es exclusiva de alguna generación determinada, puesto que el deterioro matrimonial se da en parejas con más de cincuenta años de edad como en matrimonios formados por jovencitos de veintitantos.

Anteriormente se recomendaba el divorcio como panacea para matrimonios mal avenidos. Hoy psicólogos y terapeutas afirman que ha llegado la hora de sustituir el lema: "Su matrimonio se ha roto, busque una nueva pareja" por otro más sano: "Su matrimonio se ha roto, arréglelo."

Aunque cada relación debe atenderse con base en sus características específicas, a continuación enlisto una serie de ideas generales y prácticas que le permitirán fortalecer su relación conyugal, así como enfrentar y vencer algunos de los problemas más comunes que las parejas enfrentan.

Fortalecer y vencer problemas de parejas

A. Reconozcan que el amor es una decisión.

Muchas parejas se separan porque han creído que el amor es un sentimiento y por lo mismo creen que al no sentir bonito hacia su pareja han perdido el amor, cuando lo único que ha menguado es el sentimiento, no el amor. Al casarnos firmamos un contrato civil ante testigos; ¿le parece romántico? Por supuesto que no, ya que el amor no es sólo emociones, aunque por supuesto que las contiene, pero el amor es ante todo, una decisión. En ese contrato legal nos comprometemos a permanecer unidos en los malos y buenos tiempos porque todos sabemos que en la temporada de las vacas flacas las emociones huyen. Nadie experimenta sensaciones agradables cuando hay diferencias de opinión o cuando falta dinero, trabajo o salud; sin embargo, es allí cuando el compromiso del amor participa para sostener firme la relación y hacer uso de la voluntad para encontrar soluciones y permanecer unidos.

El amor es incluso la decisión de mantener viva la emoción; es decir, las parejas deben continuar su actitud de juego y diversión a pesar de ya no ser novios; deben programar tiempos mensuales para convivir como pareja y tener tiempos divertidos que les ayuden a mantener vivas las emociones. ¿Hace cuanto que no sale a solas con su pareja para pasar un buen rato y conversar de algo que no sean las responsabilidades del matrimonio? Hágalo por lo menos una vez al mes.

B. Vean los problemas como algo externo.

¡Tú tienes la culpa!, "Mira quién lo dice, el burro hablando de orejas". ¿Le suena familiar?

Mientras los miembros de la pareja vean que el problema es su cónyuge están destinados a continuar con esa situación por el tiempo que permanezcan juntos. Si el problema es el otro y éste no cambia, entonces la solución parece ser cambiarlo por otro, suena lógico ¿no? El punto crítico en esta situación es que la parte ofendida se está viendo como ajena a la relación matrimonial, es decir se ve como una víctima y por lo mismo identificará que el problema es su victimario, el cual a la vez es su cónyuge.

¿Qué hacer? Ver como problema al problema en sí y no a la persona que lo ejecuta; es decir, tú y yo tenemos un problema el cuál es que no controlas tu consumo de alcohol; o nuestro matrimonio tiene un problema y básicamente es que experimentas celos muy fuertes y que en mi trabajo desarrollo una vida social constante. Si observamos, aquí el problema se trata como algo que arremete contra la pareja, independientemente de que sea primordialmente uno de ellos quien lo representa; pero al verlo así la pareja lucha contra el problema que él o ella padece y que está dañando la relación. **Aquí a quien debo aniquilar es al problema, no a mi pareja.** Por simplista que parezca este cambio de percepción genera más posibilidad de resolver la situación, ya que hace de la pareja un equipo aliado.

C. Capacítense y pidan ayuda.

A muchos parece avergonzarles pedir consejo o ayuda para salvar su relación matrimonial. Los humanos somos extraños, no nos apena solicitar ayuda para reparar el automóvil o la computadora, pero rehusamos pedir apoyo para fortalecer o salvar nuestro matrimonio, lo cual, obviamente, es mucho más importante que cualquier bien que poseamos. A las parejas les recomiendo leer buenos libros sobre relación matrimonial, asistir a conferencias y seminarios que ofrecen instituciones sociales, educativas y religiosas y pedir ayuda a consejeros y terapeutas profesionales. Nuestra única capacitación para convivir como pareja es lo que cada uno aprendió inconscientemente en su familia, lo cual no siempre es el modelo ideal de relación conyugal.

D. Sean sinceros al platicar

He encontrado que algunas personas, con tal de mantener la paz o de evitar un conflicto, ocultan a su pareja la verdadera opinión que tienen respecto a cierta cuestión. Sí, muchos temen a los desacuerdos y en aras de mantener la armonía renuncian a expresar sus ideas o defender sus deseos o puntos de vista.

Esta actitud es una bomba de tiempo silenciosa. Quien no se atreve a expresar lo que cree y quiere con el fin de no generar una discusión, está destinado o destinada a convertirse en esclavo de alguien que desconoce que es su amo o ama. Además, toda persona tiene un límite y tarde o temprano se cansa de vivir en una relación en la que siempre pierde, o para ser más exactos, en la que ha decidido perder. Cuando llega a ese límite su agotamiento, rencor y coraje es tal que sólo ve como alternativa terminar la relación. La solución descansa en ser valiente y defender y expresar sus deseos y opiniones a pesar de que exista la posibilidad de producir una discusión. Hablar las diferencias es la única alternativa que poseemos para entender al otro y llegar a nuevas soluciones o a un acuerdo. En palabras populares podemos afirmar, "mas vale una colorada que mil descoloridas".

E. Oren en pareja

Una gran pérdida de muchas parejas es la ausencia de oración. Tristemente la mayoría de los matrimonios creyentes se limitan a cumplir los ritos religiosos de su comunidad de fe y se olvidan del tremendo poder, emocional y espiritual, que contiene la oración en pareja. Al decir orar me refiero a platicar con Dios, exponerle con palabras sencillas y ordinarias nuestras necesidades y deseos, así como agradecerle por los favores recibidos y los logros alcanzados. Si usted y su cónyuge se toman cinco minutos diarios para, unidos, poner su familia, trabajo, adversidades y cualquier proyecto en manos de Dios, no sólo pone en movimiento los ejércitos celestiales, también acerca más el corazón de su cónyuge al suyo. No se concentre en hacer largos y mecánicos rezos, ore con su corazón y permita que Dios y su pareja conozcan lo que hay en él.

VI. Los siete secretos de un amor para toda la vida

1) Busca siempre el segundo lugar

"Poner al otro por encima de uno mismo". Muchos de los matrimonios que se rompen lo hacen por no vivir esta sencilla máxima. El egoísmo no funciona en un matrimonio. A menudo las parejas son más egoístas entre sí que con sus amigos. Se preocupan por estar al tanto de los éxitos y acontecimientos en la vida de sus amigos, por buscar áreas de interés común, y ceder para evitar romper una amistad. Y sin embargo, no ponen la misma energía cuando se trata de la relación con su esposo/a.

Los mejores matrimonios son aquellos en los que rige el principio de dar en lugar de recibir, donde los esposos colocan las necesidades, aspiraciones, esperanzas y sueños de su pareja por delante de los propios.

Si uno de los dos pone en práctica este principio con constancia, es altamente probable que el otro responda de manera recíproca y espontánea con el mismo amor, cariño, entrega y consideración.

2) Sé generoso en tus halagos

Al menos una vez al día, busca algo positivo que decir a tu esposo/a. Siempre puedes encontrar en la otra persona algo que sea noble, correcto, puro, amable, admirable, excelente o digno de ser alabado. Piensa en estas cosas, pon atención a lo largo del día. Para asegurar un amor para toda la vida, debes ser el "fan número uno" de tu esposo/a.

Samuel Johnson escribió en el siglo XVIII: "El aplauso de un solo ser humano tiene grandes consecuencias en la vida de una persona". El famoso psicólogo John Gottman, que estudió a 2000 matrimonios, afirma que por cada comentario o acción negativa se precisan al menos cinco positivas que las puedan contrarrestar, para que el amor de la pareja se mantenga fresco. Gottman recomienda todos los piropos, sonrisas y manifestaciones de ternura posibles, al tiempo que advierte contra la crítica, el rencor y las actitudes defensivas.

Así pues, halaga a tu esposo/a por todo aquello que es admirable en él / ella. Si es honrado/a, dile cuánto te agrada que lo sea; si es fiel, explícale lo maravilloso que es poder contar siempre con él/ella; si es dependiente o inseguro/a, dile lo bien que te sientes pudiendo apoyarle y sintiendo cuánto cuenta tu opinión; y si está muy seguro/a de sí mismo/a, puedes expresar la seguridad que esa virtud te aporta también a ti.

3) En tiempos de crisis, sed uno solo

Nada une más a unos esposos que permanecer unidos en tiempos de crisis. El psicólogo Paul Pearsall, autor de

"Laws of Lasting Love" describe cómo la fortaleza de su esposa, siempre a su lado durante el tiempo en que se enfrentó a un terrible cáncer, le ayudó a superar los fatalistas pronósticos de sus doctores. Pearsall relata cómo su mujer le agarró con fuerza y le llevó de un médico, a otro, hasta que dieron con uno que pudo salvar su vida: "éramos uno solo; nos movíamos a un tiempo, con la esperanza de encontrar un doctor que no confundiera el diagnóstico con un veredicto. Nunca habría podido caminar a mi curación por mí mismo".

Otro caso muy conocido es el del actor Christopher Reeves. Una caída mientras cabalgaba produjo al protagonista de "Superman" una paraplejia irreversible. El libro escrito por su esposa, "Still Me", ha batido record de ventas narrando cómo su matrimonio alcanzó plenitud a partir de ese momento. La fortaleza de esta mujer y su apoyo incondicional sostienen la voluntad de su marido por seguir viviendo. Y ambos fueron capaces de encontrar la felicidad permaneciendo unidos ante las dificultades más terribles.

4) Pasad mucho tiempo juntos

Es un mito que las parejas felices tienen vidas, intereses y actividades independientes. Para escribir su libro "Lucky in Love: The Secrets of Happy Couples and How Their Marriages Thrive", la psicóloga Catherine Johnson entrevistó matrimonios de todos los Estados Unidos que llevan casados entre 7 y 55 años. Más de la mitad describieron su matrimonio como "muy feliz".

Johnson se dio cuenta de que una característica común a todas las parejas felices, era que pasaban bastante tiempo junto, a pesar de no compartir los mismos intereses. En su opinión, la idea de que "es esencial mantener identidades separadas" es errónea. Estas parejas supieron encontrar una "identidad compartida". A lo largo del tiempo, habían dejado de sentirse "individuos" y se sentían "casados" en lo más profundo de su corazón. Si este proceso no se da, el matrimonio tendrá problemas.

5) Crea siempre lo mejor, y no lo peor, de tu esposo/a

Seguramente habrán oído en alguna celebración religiosa del matrimonio, la famosa lectura que termina con la frase: "El amor todo lo excusa, todo lo cree, todo lo espera, todo lo soporta". Éstas son las pautas para creer siempre lo mejor del otro.

Lamentablemente, muchas parejas despojan a su relación de toda alegría, esperanza y amor, simplemente porque olvidan los aspectos positivos de su pareja y ven sólo lo negativo. Y esto tiene terribles consecuencias en el matrimonio.

El escritor John Powell indica acertadamente: "Son las actitudes las que hacen que una misma experiencia sea agradable o dolorosa". En el matrimonio también sucede así: es necesario mantener una actitud positiva hacia la pareja, educando los ojos y la mente para encontrar lo positivo que tiene incluso el rasgo que menos agradable nos resulta:

Si crees que tu esposa es "chismosa", dale a ese rasgo la característica de una cualidad: es sociable, abierta y expresiva, y sus comentarios nunca son hirientes.

Si sientes que tu esposo habla demasiado, trata de ver que podría ser introvertido, huraño y difícil de trato. Y de esta manera, siempre sabes cómo piensa y se siente.

Si crees que tu pareja es demasiado "seria y aburrida", trata de agradecer que siempre dará a las cosas el peso y la importancia que merecen, que ponderará lo que dice y hace, evitando malos entendidos y discusiones impulsivas.

Si te parece que el otro es "demasiado débil y no sabe decir que no", valora su buen carácter, su amabilidad, su capacidad de comprender y ayudar a los demás.

En lugar de calificar a tu esposo como "demasiado estricto", seguro que puedes describirlo también como disciplinado, maduro, reflexivo y fiel a sus principios.

Además de "excesivamente extrovertida", es muy probable que tu mujer sea a la vez vitalista, positiva, entusiasta y alegre.

6) Expresa tu amor frecuentemente y con creatividad

"Hola, cariño. Sólo te escribo esta notita para que sepas cuánto te quiero y te echo de menos. ¡Date prisa en volver junto a mí!".

Jennifer sonríe cada vez que lee ese papelito doblado que ha guardado durante meses en su bolso. Durante sus siete años de matrimonio, se ha visto obligada a viajar mucho por su trabajo en una empresa consultora. Cuando llega a un hotel, se siente sola y desanimada. Pero William lo sabe y ha logrado suavizar esos sentimientos mostrándole su amor de mil maneras distintas. Ella sonríe y se ilumina su expresión cuando recuerda los divertidos detalles de su marido: cartas escondidas en su maleta, postales, poesías, regalitos, fotos y hasta galletas, su chocolate favorito o unos caramelos... "Me siento como en casa cuando descubro sus detalles: todo me recuerda cuánto me ama, y me ayuda a seguir adelante a pesar de echarle tanto de menos".

Piensa tú también en qué forma especial e inesperada puedes sorprender a tu esposo/a, recordándole que es lo más importante de tu vida.

7) Haga de su matrimonio su prioridad

La psicóloga Judith Wallerstein, en un estudio sobre 50 matrimonios felices, destaca que todos ellos declararon que construir un matrimonio sólido y duradero había sido el compromiso más importante de toda su vida de adultos. Es un gran consejo para asegurar un amor para toda la vida.

VII. Decálogo del Matrimonio Feliz

1. Nunca estén enfadados los dos a la vez.
2. No se griten jamás, a no ser que la casa se incendie.
3. Si uno de los dos debe ganar una discusión, deja que

sea el otro.

4. Si tienes que criticar, hazlo con amor y delicadeza.
5. Nunca menciones errores del pasado.
6. Olvídate del mundo entero antes que de tu pareja.
7. Nunca te vayas a dormir sin haber hecho las paces por una discusión.
8. Al menos una vez al día, hazle un comentario amable o ten un gesto de amor.
9. Cuando te hayas equivocado, admítelo y pide perdón. Si se equivoca, perdónale.
10. Se necesitan dos para una pelea, y quien no tiene la razón es normalmente el que más habla.

VIII. Consejos para comunicarte mejor con tu cónyuge

Según el diccionario, comunicación es *"el enlace entre dos puntos"*. Comunicar también es trasmitir o hacer partícipe a otro de lo que uno conoce, siente o tiene.

Comunicarse en el matrimonio es poder expresar o transmitir libremente los pensamientos, inquietudes, problemas, dudas, con sencillez y honestidad, teniendo en el cónyuge un buen receptor.

¿Por qué es importante la comunicación?

1. El presente es el resultado del pasado, y el futuro será el resultado del presente. Hay que vivir y trabajar hoy.
2. El hombre es un ser racional que necesita la comunicación para crecer.
3. La comunicación entre dos personas se hace difícil cuando compartimos algo.
4. Como todos los demás logros humanos, la comunicación es cuestión de práctica constante.

5. Comunicar no sólo es hablar, sino escuchar.
6. Amar es compartir.
7. El camino hacia el éxito está lleno de fracasos.
8. El único fracaso real es aquel del que no aprendemos nada.
9. El síndrome del fracaso se puede convertir en un cáncer de la comunicación.

Obstáculos de la comunicación

Si realmente deseamos comunicarnos, tenemos que estar dispuestos a trabajar para superar todos los obstáculos. El triunfo no está lejos y las recompensas del éxito son:

1. El crecimiento personal, como pareja y familiar.
2. La felicidad y satisfacción con nosotros mismos, con lo que tenemos, lo que somos.

Esto es algo que se irradia y se contagia, lo cual provoca la creación de un ambiente familiar de amor.

Obstáculos exteriores:

Ocupaciones: Hablamos de lo que hacemos y no de lo que somos.

Distracciones: Televisión, teléfono, periódico, internet.

Injerencias de otras personas: Se debe buscar el lugar y la hora conveniente. Incluso, en ocasiones los hijos pueden ser un obstáculo para la comunicación conyugal.

Obstáculos interiores:

Malas experiencias: Miedo a los fracasos durante el diálogo en tiempos pasados, gritos o regaños.

La falta de contenido interior.

Consejos para comunicarte mejor con tu cónyuge

En el amor adulto se debe establecer una doble corriente, el dar y recibir.

· *Dar* aunque con ello se tenga que romper el cascarón del egoísmo.

· *Recibir* aunque en ocasiones pensamos que no necesitamos nada de los demás.

El matrimonio es como un puente sostenido por dos pilares, si uno es débil se cae. También cabe mencionar que todos **los consejos y pláticas que podamos escuchar, no bastan para mejorar si no los practicamos constantemente.**

a) La amistad es más importante que la relación. Por lo general para un amigo, lo más importante es su amigo; quienes consideran que la amistad con su cónyuge es lo más importante, pueden crear una relación más gratificante. En cambio, quienes se han convertido en amantes, sin haber desarrollado una verdadera amistad, consideran que antes que su cónyuge, están ellos mismos, o la propia relación. A un amigo se le acepta tal como es y se le perdonan sus fallas.

b) No trates temas importantes durante los momentos tensionantes del día. Es bueno hablar de los sentimientos en el mismo momento que surgen, pero en ocasiones no conviene, sobre todo cuando se tiene mucha carga emocional. Se debe evitar hablar cuando alguno de los dos esté muy cansado, antes de irse a trabajar o inmediatamente después de regresar, y lo mejor es preguntarle a tu cónyuge si está dispuesto a escuchar o dialogar.

c) No culpes a tu cónyuge sin haberlo escuchado. Si culpas a tu cónyuge sin haberlo escuchado, lo único que vas a lograr es que se pondrá a la defensiva y se va a encerrar.

Tampoco se vale hacer prejuicios o querer adivinar. Deja a tu cónyuge expresar sus sentimientos.

d) Trata un solo asunto a la vez. Se debe tratar un solo asunto y nunca mezclar otros, concentrarse sólo en el tema presente y olvidar en ese momento si existen otros.

e) Escucha con atención y está seguro de entender lo que tu cónyuge te está diciendo. Se debe escuchar con atención el mensaje completo y sin interrumpir, no salir a conclusiones precipitadas ni ponerse a la defensiva. Si el asunto es importante, trata de repetirle a tu cónyuge lo que oíste o interpretaste para que no le quede duda.

f) Haz frases usando el "yo" en lugar del "tú". Una de las principales causas de discusión es culpar a tu cónyuge de tus emociones o sentimientos por eso debemos aprender a decir "yo" en lugar de "tú". Por ejemplo cuando dices "cuando te demoras me da mucho coraje por que tú eres muy desconsiderada(o)" se puede cambiar por "cuando te demoras me da mucho coraje por que yo siento mucha vergüenza de haber sido de los últimos en llegar".

Queda estrictamente prohibido comunicarse usando las siguientes frases:

· *¡Ven aquí, apresúrate!*
· *¡Nunca haces las cosas bien!*
· *¡Otra vez con lo mismo!*
· *¡Tú tienes la culpa!*
· *¡Si no lo haces…!*

También evita comunicarte con ironía y sarcasmo.

g) Haz peticiones no exigencias. Una petición implica cualquier respuesta, así sea negativa y será aceptada. Una exigencia implica que la respuesta siempre sea afirmativa, y, como se dice "en la forma de pedir está el dar".

h) No divulgues los sentimientos. Evita divulgar los sentimientos compartidos por tu cónyuge, ni aún con el mejor amigo, por que perderá la confianza de volver a comunicártelos.

i) No debes ser sincero el 100 % de las veces. Habla siempre con la verdad sabiendo cómo decirlo, por que por ser demasiado franco, puedes caer en la agresión.

j) No dejes problemas sin resolver o resentimientos ocultos. Al dejar problemas sin resolver o sin decir, se irá formando un muro de indiferencia, no debemos tener miedo a afrontarlos.

Para reflexionar juntos

Consideramos que para mantener vivo nuestro matrimonio hay que regarlo y cuidarlo, y eso sólo se logra con mucho esfuerzo, voluntad y sacrificio. Es importante que hagamos un alto en el camino, para reflexionar:

Ø ¿En qué estamos fallando?,

Ø ¿En qué podemos mejorar?,

Ø ¿Qué cuentas le estamos dando a Dios del tesoro que un día nos regaló?,

Ø ¿Es feliz mi pareja a mi lado?,

Ø ¿Qué ejemplo de vida conyugal estamos dando a nuestros hijos?

¡No nos conformemos con ser una pareja más, luchemos por ser la mejor!

Capítulo 8

ESTIMULANDO EL MATRIMONIO Y DESALENTANDO EL DIVORCIO

Un cambio en la actitud cultural con respecto al matrimonio es evidente en el País. Autoridades, expertos sociólogos, líderes de comunidades, y políticos de todos los colores, han llegado a admitir que la Protección al Matrimonio - y no la intervención del gobierno - son fundamentales para mejorar el bienestar personal y de la sociedad. Más y más las investigaciones demuestran que los niños de parejas casadas tienen mejor salud, les va mejor en la escuela, viven menos frecuentemente en la pobreza y más raramente se encuentran envueltos en actividades criminales u otras actividades destructivas. Pero a medida que los matrimonios fracasan, los problemas sociales y los dineros fiscales para solucionar esos problemas, aumentan.

En vez de estar construyendo centros correccionales, internados y cárceles para los infractores y delincuentes, el gobierno debiera invertir más fondos para fortalecer los matrimonios y evitar el divorcio. De esa manera evitaríamos en mucho la delincuencia juvenil.

Algunas formas para estimular el matrimonio y desalentar el divorcio serían por ejemplo:

1. Una iniciativa que intenta reducir en un tercio los divorcios para el próximo año.

2. Aprobar una ley matrimonial autorizando gasto para desarrollar cursos a nivel local, para resolver dificultades matrimoniales.

3. Hacer una ley de Preparación y Preservación del Matrimonio, que enseñe como solucionar las dificultades matrimoniales, y que sea una de las

materias que se deban de llevar en las escuelas secundarias. Que la ley también estimule la preparación prematrimonial, reduciendo en un 50% el costo que se paga en las oficialías del registro civil por la celebración del matrimonio, para aquellos que hayan completado un curso de preparación al matrimonio.

4. Una serie de programas de base religiosa para ayudar a los novios, familias irregulares y matrimonios con problemas.

5. En lugar de gastar más fondos en programas fiscales que tratan de resolver los resultados de la ruptura familiar, las autoridades federales y estatales debieran tomar medidas para intentar evitar la desintegración de la familia, en primer lugar.

6. Aumentar la estabilidad de matrimonios y reducir el número de divorcios son finalidades políticas razonables y necesarias. El futuro para millones de niños va a depender de que los políticos tengan éxito en ello.

7. El gobierno debiera colocar información sobre los Matrimonios y su política en su página de Internet oficial, hasta exigir a los pastores, a las congregaciones y a los líderes cívicos y religiosos, a formar en la comunidad "Pactos Matrimoniales" como una manera de estimular a las parejas a participar en programas de preparación al matrimonio y a buscar ayuda si tienen problemas en el matrimonio.

8. Ofrecer cursos de educación matrimonial a través de las oficinas de los juzgados de familia.

9. Aprobar una ley que permita "Pactos Matrimoniales", en los cuales las parejas prometen mantenerse casados de por vida y renuncian al derecho de un divorcio voluntario. O en el "divorcio voluntario" actual, se requiera posponer la acción legal por 180 días. Las parejas que eligen un 'Pacto Matrimonial' se comprometan a que, si llegan a tener problemas, se van a separar por un mínimo de dos años antes de recurrir al divorcio, y tratarán de obtener los servicios

de un consejero matrimonial.

I. ¿POR QUÉ PUEDE SER BUENA POLÍTICA ESTIMULAR LOS MATRIMONIOS?

La literatura de las ciencias sociales está repleta de hallazgos sobre los efectos perniciosos de la ruptura familiar, especialmente para los niños. Crimen juvenil, abuso sexual, violencia e ingresos muy bajos se asocian frecuentemente en estos estudios con familias encabezadas por un solo padre o madre.

Niños nacidos fuera del matrimonio están a un riesgo mucho mayor de mortalidad infantil, mayor frecuencia de retardo del desarrollo cognitivo y verbal, y mayores tasas de adicción a drogas y de embarazos extramatrimoniales en la adolescencia. Cuando grandes, tienen una tasa mayor de divorcios, trabajan en empleos peor pagados, y abusan de sus hijos más seguido.

Como ya lo he señalado en el capítulo del Divorcio, el divorcio también tiene consecuencias que nos deben preocupar. Estudios demuestran que el ingreso de la familia para mujeres y niños, es probable que caiga bajo el nivel de pobreza inmediatamente después del divorcio, cayendo tanto como un 50 por ciento y causando una reducción sustancial en la capacidad de ganar dinero y de adquirir fortuna a largo plazo. Comparado con los niños de familias intactas, los niños de padres divorciados:

☐ Tienen tasas más altas de criminalidad, abuso de drogas, ser abusados sexualmente, y recibir cuidado negligente.

☐ Tienen resultados pobres en test de lectura, escritura y matemáticas, y repiten año o abandonan la escuela o la Universidad con mayor frecuencia.

☐ Tienen una incidencia mucho más alta de problemas conductuales, emocionales, psiquiátricos y de salud física, incluyendo depresión y suicidio; y

☐   Tienen una probabilidad mayor de divorciarse cuando sean grandes, y cohabitan más frecuentemente antes del matrimonio.

Tales efectos no son hechos aislados; ponen en marcha un espiral descendente de comportamiento disfuncional y de desesperación, que complica el problema para sus propios hijos, y las futuras generaciones. En términos económicos, el divorcio reduce el capital y los intereses que se obtienen, a una velocidad acelerada. El costo para la sociedad es exorbitante. Los estadistas que quisieran detener esta decadencia de la sociedad debieran mirar, más bien, a las maneras posibles de reducir el número de niños ilegítimos, de divorcios, y de cómo fortalecer el matrimonio.

II. SALVADORES MATRIMONIALES
"Pactos Matrimoniales"

Vamos a Salvar Matrimonios con un servicio bien desarrollado incluyendo siete actividades claves:

1. Un mínimo de cuatro meses de preparación antes del matrimonio;

2. Una evaluación prematrimonial de las opiniones de los novios por separado con respecto a temas significativos, tales como las finanzas y la educación de los hijos, usando cuestionarios. Las respuestas al cuestionario forman la base de la discusión durante las clases de preparación al matrimonio.

3. Entrenamiento de las parejas consejeras de cómo usar los resultados del cuestionario, para facilitar la discusión de aquellos puntos en que la pareja está de acuerdo, o en desacuerdo.

4. Un programa para fortalecer los matrimonios presentes.

5. Un programa para ayudar a matrimonios con problemas.

6. Guías para familias de padrastros. De acuerdo a datos de investigación del gobierno federal, 15 por ciento de los niños están viviendo con padrastros o madrastras. Creando un grupo de apoyo para Padrastros, operado por parejas de padrastros que habían logrado organizar familias realmente unidas.

7. Programa para parejas separadas. Hay muchas maneras de mejorar las probabilidades de reconciliación para parejas separadas, con un programa llamado Reconciliándose como Dios Quiere.

Mediación Enfocada.

Es un programa que pude ayudar a un 50 por ciento de las parejas que tratan de divorciarse, a mantenerse unidas. Esperamos ayudar a las parejas que han presentado demanda de divorcio, para que puedan llegar a acuerdo con menos conflictos y desagrados. Mediadores bien entrenados, que pueden ser abogados, trabajadores sociales u otros, que ayudarían a una pareja a empezar a comunicarse mejor, a veces por primera vez en años. Muchas parejas van a reconsiderar su decisión de divorciarse, y decidirse, a componer su matrimonio sobre la base de buena comunicación y común acuerdo.

Autoridades del estado y de las comunidades locales debieran considerar el desarrollar Institutos de Protección Matrimonial, para apoyar y entrenar a mediadores tanto privados como del gobierno. El beneficio directo para los estados incluiría menos divorcios; reducción de costos de juzgados; y menos mujeres y niños en la pobreza.

Cursos de Preparación al Matrimonio

Cuestionarios basados en investigaciones sobre compatibilidad para el matrimonio, se han usado ampliamente en programas de preparación al matrimonio, o de revitalización de ellos, por muchos años. Estos estudios ayudan a las parejas a mejorar sus relaciones, al ayudarlos a encontrar y analizar áreas de conflicto potencial - tales como las finanzas y la decisión de tener hijos -y actitudes que podrían crear sentimientos de ira. Estos cursos y métodos, ayudan a las parejas a desarrollar la habilidad para resolver problemas, escuchar, y desarrollar formas efectivas de comunicación que pueden fortalecer sus relaciones.

COMO ESTIMULAR LOS MATRIMONIOS Y REDUCIR LOS DIVORCIOS

Aunque las actitudes culturales, los hallazgos de la sociología y los programas sociales han empezado a reconocer la importancia de apoyar a los matrimonios y disminuir la incidencia de los divorcios, las políticas y actividades de los gobiernos estatales todavía están inclinadas en contra de los matrimonios, al aumentar las causales de divorcio y algunos hasta de haberlas suprimido, permitiendo el divorcio por voluntad solo de uno de los cónyuges.

III. PROMOVIENDO EL MATRIMONIO.

Hay que hacer esfuerzos por reducir el número de divorcios y nacimientos extramatrimoniales, y aumentar los matrimonios. Entre las medidas específicas que se puedan tomar, están las siguientes:

1. **Establecer una meta de reducir los nacimientos extramatrimoniales y los divorcios por un 33 por ciento en cada estado para el año siguiente.** Lo único que se necesita es que cada estado utilice sus recursos para diseñar aquellos programas más adecuados para sus necesidades y condiciones.

2.   Hacer un esfuerzo concertado de usar recursos federales en programas que aumenten los matrimonios y disminuyan los divorcios entre los pobres. Hay muchos recursos y muchos expertos en el país, que si se utilizaran, podrían mejorar las expectativas de las parejas de formar matrimonios sólidos. Se podría hacer un argumento poderoso para establecer Oficinas de Iniciativas Matrimoniales en los estados, para estimular los matrimonios y disminuir los divorcios, especialmente entre los pobres o los marginalmente pobres. Esa oficina debiera identificar las políticas y programas eficaces de promoción matrimonial para asegurarse de que el estado está usando recursos en forma que realmente reduzca los divorcios y los nacimientos extramatrimoniales entre los pobres.

3. Distribuir fondos de beneficencia estatal para premiar a los municipios que reducen los nacimientos extramatrimoniales y los divorcios.

4.   Hacer leyes estatales más favorables al matrimonio. Los estados debieran hacer un cálculo realista de lo que les cuesta cada familia destruida, y los que le ahorran ese gasto al estado, debieran ser mejor tratados por el código tributario. Un modo sencillo sería hacer las excepciones tributarias más altas para las parejas casadas con niños pequeños o estudiando en la Universidad.

5. Apoyar iniciativas que ayuden a las parejas con problemas a solucionarlos. El divorcio es la razón principal por qué mujeres y niños caen en la pobreza. Muchas organizaciones han desarrollado programas para fortalecer matrimonios con problemas. Hacer estos programas accesibles para los pobres o marginales debiera ser una tarea fundamental para la Oficina de Iniciativas Matrimoniales.

6. Estimular la acción de Iglesias e iniciativas de

base religiosa en las zonas pobres. Pocos se dan cuenta de hasta qué punto han desaparecido los matrimonios entre los pobres. En el nivel de ingresos más bajos, el 74 por ciento de las familias con niños están encabezadas por una madre (o padre) soltero. Dada la eficacia de las Iglesias en fortalecer los matrimonios, las iglesias en los barrios pobres son probablemente los aliados más eficaces que tiene el gobierno en los esfuerzos por reducir los divorcios y aumentar los matrimonios en las comunidades que sufren los efectos de la ruptura familiar. Las autoridades no pueden hacer el trabajo que hacen las iglesias y el sector privado en la reparación de las instituciones del matrimonio y la familia, pero pueden estimularles los esfuerzos por aumentar los matrimonios. Pueden también fijar la atención pública en la necesidad de apoyar las familias con padre y madre.

7. Asegurarse que los empleados del gobierno apoyan la iniciativa matrimonial. Para que una política pueda aumentar la frecuencia de matrimonios y disminuir la incidencia de los divorcios, las autoridades a todos los niveles del gobierno deben apoyar el proyecto. Los gobernadores y los legisladores estatales debieran utilizar a las autoridades del Registro Civil, y también a los empleados de beneficencia, consejeros en las escuelas, y enfermeras de salud pública y de las escuelas, que tienen que ver con madres jóvenes, para que las animen a participar en clases de preparación al matrimonio, y de resolución de problemas matrimoniales. Y el personal que bloquee o ignore buenas políticas, debiera ser educado sobre el problema, o reemplazado.

8. Crear incentivos para las parejas para que participen en clases de preparación al matrimonio antes de celebrar el matrimonio. Por ejemplo, ofrecer un descuento en el costo del matrimonio si la pareja toma un curso de cuatro horas de preparación al matrimonio, con un segmento sobre los efectos perniciosos del divorcio.

La acción del gobierno en esta área tiene que ser prudente porque hay detalles de libertad personal, de tomar decisiones íntimas, y también la protección del bien común están en juego.

IV. PROPUESTAS PARA REDUCIR LOS DIVORCIOS

Varias propuestas podrían ayudar a reducir las tasas de divorcio. Específicamente:

1.   **Requerir que las parejas lleguen a acuerdo antes de poder iniciar una causa de divorcio.** Parejas casadas que tienen niños chicos debieran tener que completar una educación sobre divorcio y un plan de paternidad compartida antes de poder iniciar los trámites de divorcio. La educación del divorcio podría ayudar a algunas de estas parejas a resolver sus problemas y salvar sus matrimonios. Es particularmente efectiva al comienzo del proceso de divorcio. El requerir que tengan un plan de paternidad compartida debiera permitir a la pareja el desarrollar un cuadro más relista de lo que va a ser la vida después del divorcio, y esto podría llevar a algunas parejas a renovar los esfuerzos para salvar el matrimonio.

2.   **Requerir mediación antes del divorcio.** Parejas casadas con niños chicos debieran tener que participar en clases de mediación antes de que su caso pueda ser visto por un Juez de lo Familiar.

3.   **Terminar con los divorcios "voluntarios" para padres con niños de menos de 18 años.** El Divorcio "voluntario" es un término sin sentido para los niños cuyos padres se divorcian. Esto puede ser razonable para parejas sin niños, pero el bienestar de los niños de menos de 18 años debiera ser el umbral para todas esas parejas, que debieran tener que demostrar que los hijos sufrirían grave daño si el matrimonio *continuara*.

4.   **Establecer los Pactos Matrimoniales como opción legal.** Las parejas debieran poder comprometerse a un matrimonio de por vida si quieren, aceptando requisitos muy estrictos para separación o divorcio. El efecto de tal compromiso sería saludable, y el énfasis que pone en la seriedad del compromiso matrimonial debiera fortalecer el ideal del matrimonio en la sociedad. Las parejas debieran tener preparación seria antes de hacer ese compromiso, ya que tendría la fuerza de la ley. Demasiadas personas se casan con el propósito de mantenerse casados hasta la muerte, para después descubrir que su cónyuge no tenía esa intención.

CAMBIANDO EL PLAN DE ESTUDIOS ESCOLAR.

El plan de estudios escolar refleja lo que el estado quiere que los niños sepan para el bien común. Poner énfasis en el matrimonio es claro que debiera caer en esta área, porque la decadencia del matrimonio impone altos costos a la sociedad, y el matrimonio tiene muchos beneficios para todos los miembros de la familia.

Con ese fin, el currículum de las escuelas públicas debiera:

1.   **Incluir cursos de preparación al matrimonio en la escuela secundaria.** Al tomar cursos de formación básica para el matrimonio, los adolescentes estarán mejor preparados para hacer algunas de las decisiones más importantes de sus vidas. El éxito de tales cursos obviamente dependerá de su contenido y de los profesores. Para evitar que el programa pueda ser desviado para servir alguna otra agenda, los legisladores debieran disponer en la ley que el contenido del plan de estudios apoye el matrimonio tradicional.

2.   **Promover y expandir los programas de castidad para adolescentes.** Fondos del gobierno federal para educar en castidad. Reduciendo así la tasa de

nacimientos extramatrimoniales.

CONCLUSIÓN

Se está produciendo un desplazamiento cultural que tiene buenas expectativas para los niños. Después de cinco décadas de intentar tratar los problemas sociales con más dinero fiscal, autoridades elegidas, sociólogos, líderes de la comunidad y estadistas de todas las ideologías políticas han llegado a admitir que matrimonios sólidos - y no la generosidad del gobierno - son la clave para mejorar el bienestar de las personas y la sociedad.

La investigación sociológica demuestra que niños en familias casadas son más sanos, les va mejor en la escuela, y se envuelven menos en actividades criminales y otros comportamientos destructivos.

Se ha hecho mucho en las décadas recientes para comprender los beneficios del matrimonio, y hay buenos programas para ayudar a las parejas a prepararse para el matrimonio. Autoridades estatales y municipales debieran aprovecharse de lo que la investigación sociológica y la evidencia de los "mejores resultados" han dejado en claro.

El Divorcio en la comunidad puede reducirse en un 30 por ciento a través de programas para fortalecer el matrimonio. La abstinencia antes del matrimonio aumentará si los programas adecuados se usan, y un tratamiento prudente del matrimonio por los medios puede ayudar a cambiar las actitudes culturales.

Trabajando juntos, los líderes del sector público y el privado pueden juntar fuerzas para comenzar este proceso, aumentando la incidencia de matrimonios y fortaleciendo las familias, y al mismo tiempo reduciendo los problemas sociales de la ruptura matrimonial y los nacimientos fuera del matrimonio. La meta no es pequeña, pero parece ser más y más alcanzable.

Capítulo 9

EVITE COSAS QUE DESTRUYEN SU MATRIMONIO

I. La Pornografía causa adicción

¿La pornografía causa adicción?

Uno de los elementos que está minando fuertemente la sociedad y de manera más contundente las familias, es el uso de la pornografía, la cual, como se ha comprobado recientemente, es un elemento "adictivo" como cualquiera de las drogas, a la cual es fácil adherirse y difícil de salir de ella, causando graves desórdenes en la misma persona y en todo su medio.

Desafortunadamente, mientras que para otros tipos de drogas hay programas de prevención e incluso su uso y distribución están penadas por la ley, este tipo de droga se escuda en la ley de "la libre expresión" quedando como una "elección" personal el comparar el material o someterse a su influjo (¿un drogadicto es libre de elegir?).

Lo que no se contempla, es que la adicción opera de la misma manera que las otras drogas, por pequeñas cantidades. En el ámbito de la droga, los vendedores del estupefaciente, regalan a sus futuros clientes, pequeñas dosis esperando que éstas se apoderen de la persona y creen en ella la dependencia. Una vez conseguida esta, tienen un cliente seguro. Ya no se regala más y por el contrario se les ofrecen drogas cada vez más poderosas y lógicamente más caras. Lo mismo sucede con la pornografía, con la grande desventaja de que ésta llega prácticamente a casi todo el mundo por medio de nuestros medios ordinarios de comunicación y no se diga el internet.

En los medios de comunicación ordinaria como son el periódico, la televisión, el internet y el cine, la industria de la pornografía va creando el morbo, la curiosidad y con ello la adicción a esta droga. Es triste ver que en prácticamente todos los comerciales de la televisión y de los periódicos se encuentran temas sexuales.

La ciencia de la comunicación ha desarrollado ampliamente lo que se llama la "publicidad subliminal" en la cual el aspecto pornográfico pasa desapercibido del consciente de la persona, pero se va filtrando lentamente hasta lo más profundo de la conciencia de la persona. En una reciente investigación realizada en los Estados Unidos por la "National Coalition for the Protection of Children and Families" organización creada para proteger a la sociedad contra los efectos de la pornografía, ha quedado al descubierto que incluso en muchas de las producciones recientes de cuentos, como son "la Sirenita" y "Pokahontas", existen elementos expresamente de carácter sexual, los cuales van modificando en los niños su apreciación con respecto a la relación de la pareja, el matrimonio, y la vida íntima.

Sólo para darnos una idea de la magnitud del problema, en los Estados Unidos, en 2014, la Industria de la pornografía ganó más de 204,000 millones de dólares. Es pues un problema que está dirigido a destruir los hogares y en sí, la vida de la persona. En su efecto devastador, la pornografía no sólo destruye la intimidad de la pareja, sino que, debido a la gran carga de violencia contenida en el material pornográfico, sobre todo contra la mujer, ésta pasa a ser un simple objeto de placer y el blanco de la agresión sexual, lo cual con el tiempo tiende a extenderse a las demás áreas de la vida de los que se ven expuestos a este material, llegando a causar la desintegración total, no sólo de la familia sino del propio individuo.

La pornografía es totalmente contraria al amor y respeto que deben de tenerse los cónyuges, pues si la relación íntima está ordenada por Dios en orden a que la pareja crezca en el amor y en la generosidad, disfrutando como regalo el placer sexual, la pornografía invita a buscar únicamente la experiencia del sexo de una manera totalmente egoísta.

Por otro lado, en la pornografía las relaciones fuera del matrimonio se presentan como una experiencia "excitante y deseable" completamente al margen del compromiso que implica el matrimonio. Hace que la belleza de la mujer sea medida por la proporción de las partes de su cuerpo, devaluando totalmente su calidad humana. Es por ello que las personas que han estado expuestos continuamente a la pornografía son generalmente incapaces de establecer una relación adecuada con una persona, pues sus criterios y expectativas no van en busca del amor sino del placer.

Aunque es triste, recientes estudios han demostrado que, al menos en los Estados Unidos, los principales consumidores de pornografía son los jovencitos entre 12 y 17 años. Esto, sin lugar a dudas, nos habla de la falta de atención de los padres en la educación sexual de los hijos, quienes en la pubertad buscan por todos los medios el saciar no sólo su conocimiento sino su curiosidad natural. Al no encontrar respuestas y atención adecuada en el medio familiar, la buscan de manera equivocada entre los amigos, recurriendo naturalmente a las revistas, películas y ahora al Internet.

Uno de los grandes problemas de ser "instruidos" por la pornografía, es que en ella no existe absolutamente nada que les informe sobre el SIDA, ni de la posibilidad de embarazo en adolescentes, y sobre todo va creando una idea equivocada sobre la relación sexual de la pareja, creando en ellos la idea de que lo que ven es la relación natural que debe existir en una pareja, lo cual es totalmente falso. ¿Consecuencias? Primero, los lleva a pensar que lo que han visto pude ser hecho desde su noviazgo, o con cualquier persona, y ya de casados nunca alcanzan la plena satisfacción con su cónyuge, pues quieren y buscan algo que es irreal, vaciando de contenido y de amor la relación íntima. La pornografía les hace creer a los jóvenes que la mujer "disfruta" siendo desvestida, abusada e incluso violada.

Un testimonio que nos hace ver el impacto que la pornografía tiene en los niños es el de Manolo, un "striper" profesional quien dice: - Recuerdo a un vecino mayor que yo, el cual, cuando venía a visitarnos me llevaba al garaje y me mostraba revistas pornográficas y decía: "Este es el juego que vamos a jugar juntos".

Actualmente una de las fuentes más importantes para el mercado de la pornografía es el Internet, ya que permite el acceso a material pornográfico de todo tiempo y prácticamente en todo momento. Una investigación hecha por Nielsen Media Reserach, Inc, reveló que el acceso solamente a la página de Penthouse por parte de tres compañías americanas les hace perder más de 347 horas/hombre en el período de un mes. Esto nos revela la importancia que hay que tener sobre la supervisión de este medio, no sólo en las empresas sino en nuestros propios hogares.

Mantengámonos lejos de la pornografía para tener una vida más sana y un matrimonio feliz. Si tú piensas que has sido ya afectado por esta droga busca ayuda antes de que te destruya a ti y a tu familia.

II. Perdono, pero no olvido

La discusión había llegado a su momento más álgido y el volumen de las voces se había elevado a tal grado que solamente se escuchaban gritos incoherentes que denotaban enojo y todo tipo de emociones negativas.

De repente, se hizo un silencio absoluto, como si la energía de los dos se hubiera terminado. Fue entonces cuando la voz de Miriam sonó mientras sus ojos se fijaban como espadas frente a los ojos de su esposo.

Quiero decirte -dijo Miriam-, que no solamente estoy enojada por lo que acaba de pasar, hay muchas cosas que me molestan y me tienen harta.

No sé de qué me estás hablando -respondió él.

Ya vez, lo peor es que la riegas y luego ni siquiera te

acuerdas.

¡Espérame!, -dijo él-, ¿a qué te refieres?

Ese es tu principal problema, que no te acuerdas de lo que no te conviene, pero te voy a refrescar la memoria. ¿Ya se te olvidó el papelito que hiciste cuando te pusiste muy grosero en casa de mis papás?

¡Óyeme!, pero eso fue el año pasado...

¡Espérame que todavía no acabe! Y el día que quedamos en ir a cenar, y claro...se te olvidó...

Miriam hizo una breve pausa como para tomar aire y casi de inmediato continuó: Y el día de mí cumpleaños, que ni siquiera te acordaste, tu secretaria te lo tuvo que recordar y llegaste en la tarde con tu regalito, tratando de disimular tu olvido. ¡Ah! Y aquella vez que...

¡Hey! ¡Cálmate!, ¿qué te pasa? De todo eso ya habíamos hablado y en su momento discutimos. Eso ya pasó, ¿por qué lo vuelves a sacar?

Pues por una razón muy sencilla, porque aunque ya te perdoné, ni creas que lo haya olvidado.

A. Cuando se perdona y no se olvida

Hay muchas personas, hombres y mujeres, que tienden a actuar como Miriam. En un apartado de su mente han colocado un cajón, en el cual, guardan con doble llave las experiencias negativas, los desengaños y los momentos difíciles o dolorosos que han vivido y en el momento oportuno ¡zas!, abren el cajón y sacan de él lo necesario para poner en evidencia su condición de víctimas y los argumentos para chantajear a la pareja.

Mantener archivadas las experiencias negativas, conservar las cuentas pendientes con el "ser amado", pone en evidencia la existencia de rencor y resentimiento, sentimientos que "envenenan" cualquier relación humana.

Cuando se guardan resentimientos, cuando se "perdona" pero no se olvida, la relación se envenena y las personas entran en un juego interminable de cobrarse cuentas pendientes, que como resultado hace infelices a todos los involucrados: al que no olvida, porque el simple hecho de estar recordando las cosas negativas le amarga la vida y le impide la felicidad, y al que se le están echando en cara las cuentas pendientes, porque se siente agredido y manipulado cada vez que le presenten una factura de cobro.

Un elemento importante para lograr la felicidad es el saber perdonar.

B. ¿Qué es perdonar?

Perdonar es abrir una válvula de escape para permitir la salida del veneno acumulado por el rencor y el resentimiento.

Cuando una persona perdona, no está ayudando a quien la ofendió, se está ayudando a sí misma, porque se está deshaciendo de los sentimientos negativos y está recuperando el equilibrio y la paz interior.

En toda relación humana se generan problemas y desacuerdos, se producen situaciones que pueden causar molestia y enojo, pero eso no implica que se tengan que quedar cuentas pendientes.

Hay dificultades y malos entendidos, incluso problemas graves de relación, pero si no se perdona, si se guarda rencor, la relación se va a corroer y la infelicidad de ambos va a ser la principal consecuencia.

El perdón no es cuestión de razón. El perdón en muchas ocasiones aparece como algo "ilógico", hasta cierto punto irracional, pero lograr perdonar y liberarse del rencor tiene su lógica y su metodología.

Ya lo Dijo Jesús

"Porque si perdonáis a los hombres sus ofensas, os perdonará también a vosotros vuestro Padre celestial; mas si no perdonáis a los hombres sus ofensas, tampoco vuestro Padre os perdonará vuestras ofensas". (S. Mateo 6:14-15)

C. ¿Cómo evitar el círculo vicioso?

Para evitar que esa cadena de resentimientos y agresiones se convierta en algo interminable, es necesario aprender a perdonar, sin condiciones, sincera y generosamente.

Para poder llegar al perdón, cuando se ha sufrido una ofensa, es conveniente tomar en consideración los siguientes puntos:

Aceptar el dolor: Tratar de aparentar que "al cabo no me importa", es echarle tierra al asunto, pero debajo de esa tierra queda el resentimiento. Solamente reconociendo y aceptado el dolor se puede trabajar para eliminarlo de raíz.

Evitar la competencia: En ocasiones se toma la actitud de "si el otro me hizo, yo le hago..." No se trata de ver a quién le va peor, pues esa es una actitud de: "yo pierdo y tú también", que resulta autodestructiva.

Valorar la ganancia, no la pérdida. Perdonar implica recuperar la paz interior, el equilibrio emocional. Al perdonar, la más beneficiada es la persona que otorga el perdón porque se deshace de los sentimientos negativos.

Buscar soluciones, no al culpable: Lo importante al perdonar es encontrar la manera de restablecer la relación y mejorarla, en vez de identificar quién tiene la culpa de que las cosas no marchen bien.

Evitar poner condiciones: Cuando se ponen condiciones, se corre el riesgo de caer en el chantaje. "Te perdono si tú haces esto o aquello". "Cuando vea que cambiaste, entonces te perdonaré". Estos planteamientos implican una compensación o una especie de desquite y mantienen vivas las actitudes negativas.

Regalar en vez de cobrar: El perdón es un regalo, no es una factura que más tarde se va a cobrar. Perdonar implica decirle al otro: "te perdono, sin pedir nada a cambio". Si se pide algo a cambio, si se cobra ya no hay perdón, hay transacción. El perdón es como el amor, simplemente se da como un regalo, sin condiciones.

Cuando se toman actitudes de desquite, cuando se guardan cuentas pendientes, cuando se entra en un juego de "toma y saca", se está cultivando la infelicidad.

¿Por qué estar luchando contra nuestra propia felicidad? El perdón generoso, desinteresado, es una excelente inversión, ¡se está invirtiendo en la propia felicidad!

EPÍLOGO

Bienvenido nuevamente y gracias por leer éste libro. Lo felicito por haber llegado hasta éste punto y le auguro felicidad en su matrimonio, si aplica los simples principios mencionados en éste trabajo.

Por favor considere que éste no es un libro ordinario, no solo lo debe de leerlo una vez, es un manual de trabajo, una guía diaria, que le ayudará a obtener un matrimonio feliz.

Posiblemente por curiosidad leyó hasta aquí, pero no realizó los ejercicios de este libro. No importa, recuerde que éste es un manual de cabecera, debe de tenerlo a la mano todos los días y revisarlo en el punto o tema que más se acomode a sus necesidades.

Ahora que ya sabe en forma generalizada de que se trata, empiece a realizar los ejercicios indicados en el primer capítulo para caminar por el camino a la salvación de su matrimonio, o fortalecerlo.

Que Dios le bendiga

El Autor

CURSOS VIDA AMENA

COMUNICAIÓN EFICAS ENTRE LA PAREJA Y RELACIONES
HUMANAS

Es probablemente el programa más popular que he ofrecido con el objeto de fomentar una mejor relación entre los cónyuges.

Este curso está diseñado para ayudar a desarrollar una mayor seguridad personal, habilidad para llevarse mejor con su pareja, y en relaciones tanto sociales como de trabajo, incrementar la capacidad de comunicación de ideas, desarrollar en la persona una actitud positiva, aumentar el entusiasmo, reducir la tensión, la angustia y disfrutar de una vida amena, es decir más rica y plena.

El Autor de este libro, Jesús Alejandro Mena Gauna es un experto abogado en problemas conyugales, 43 años ininterrumpidos de experiencia lo respaldan.

En su Programa de Radio, "Asesoría Matrimonial" durante 13 años estuvo atendiendo al aire problemas matrimoniales.

La experiencia obtenida en establecimiento del amor conyugal, no se debe a que él haya fracasado en su matrimonio y ahora pretenda decirle como hacerle para que usted no fracases. No. El ha sabido aprender de los errores de otros y así puede hacerlo usted, siguiendo los consejos prácticos que imprime en ésta obra.

Esta es una obra llena de instructivas lecciones y suculentas recompensas, con un estilo directo Alejandro le muestra los secretos para salvar su matrimonio, con la ayuda del poder de Dios.

OTRAS OBRAS DEL AUTOR

De venta en amazon.com

VISA EB-5 GREEN CARD DE INVERSIONISTA

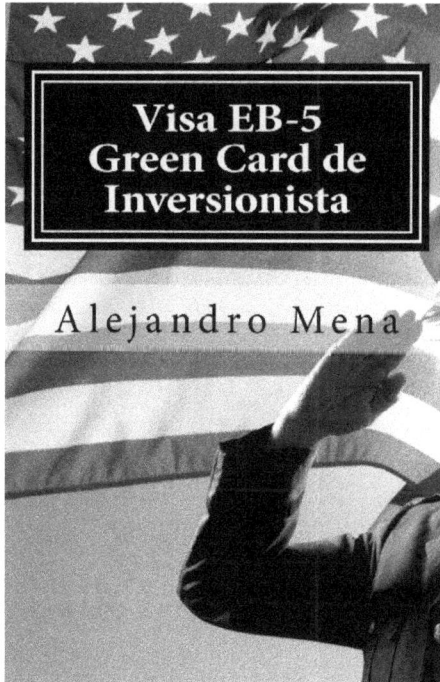

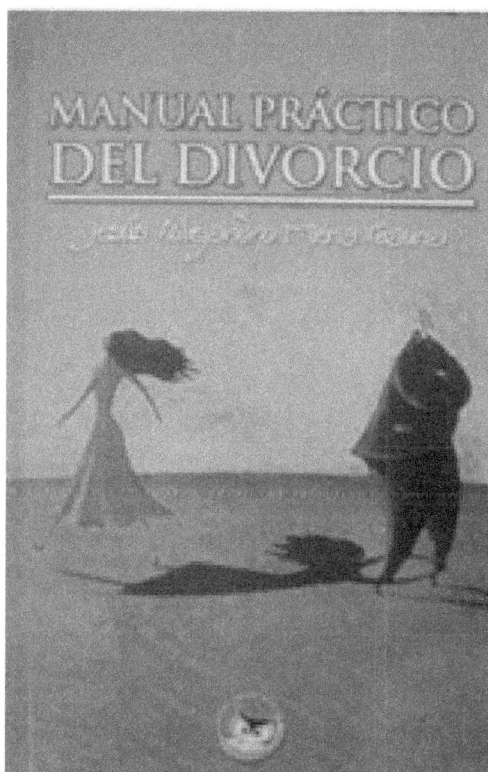

LIC. ALEJANDRO MENA

Como Hacer un Negocio de Franquicia

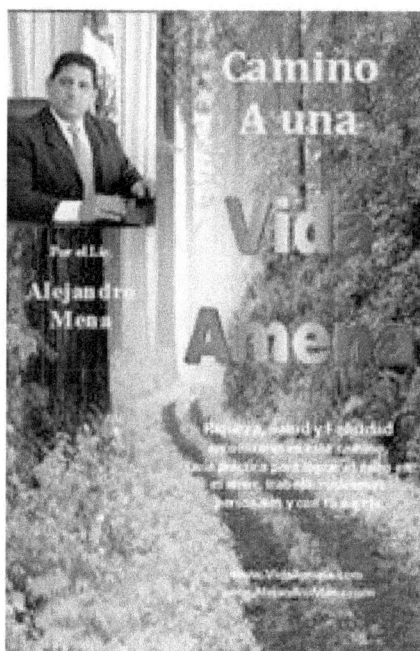

Camino A una Vida Amena

Por el Lic. Alejandro Mena

Belleza, salud y Felicidad

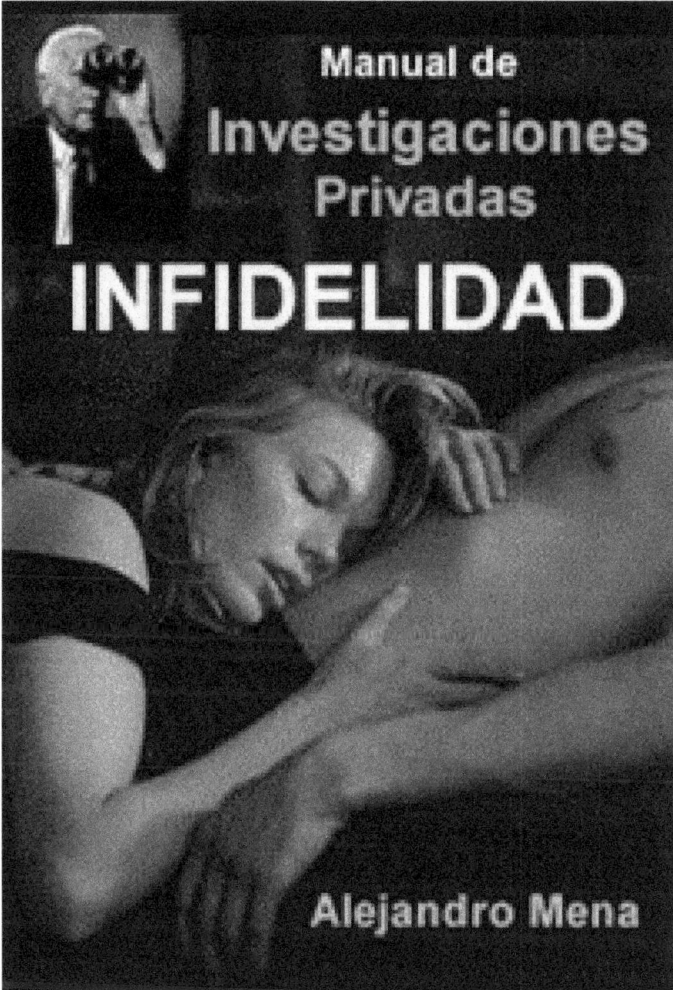

Manual de
Investigaciones
Privadas
INFIDELIDAD

Alejandro Mena

www.alejandromena.com

www.ingramcontent.com/pod-product-compliance
Lightning Source LLC
Chambersburg PA
CBHW061304110426
42742CB00012BA/2047